THOMAS WAGNER

DER DICHTER UND DER NEONAZI

Erich Fried und Michael Kühnen – eine deutsche Freundschaft

KLETT-COTTA

MIX
Papier aus verantwortungsvollen Quellen
FSC
www.fsc.org
FSC® C083411

Klett-Cotta
www.klett-cotta.de
Dieses Werk wurde vermittelt durch die
Literarische Agentur Michael Gaeb

Printed in Germany
Cover: Rothfos & Gabler, Hamburg
unter Verwendung eines Fotos von
© ullstein bild – Behr, ullstein bild – amw
Alle Zitate Erich Frieds mit freundlicher Genehmigung
des Verlags Klaus Wagenbach.
Gesetzt in den Tropen Studios, Leipzig
Gedruckt und gebunden von CPI – Clausen & Bosse, Leck
ISBN 978-3-608-98357-9

Bibliografische Information der Deutschen Nationalbibliothek:
Die Deutsche Nationalbibliothek verzeichnet diese Publikation in der
Deutschen Nationalbibliografie; detaillierte bibliografische Daten
sind im Internet über http://dnb.d-nb.de abrufbar.

INHALT

DER VERHINDERTE FERNSEHAUFTRITT

Hatte er das gerade wirklich gesagt? Michael Kühnen konnte kaum fassen, was sich gerade im Fernsehen vor seinen Augen abspielte. Da beklagte sich der prominente Dichter Erich Fried – Linker, Jude und entschiedener Antifaschist –, dass man ihn – Deutschlands bekanntesten Neonazi – von der Teilnahme an der gerade laufenden TV-Diskussion kurzfristig wieder ausgeschlossen hatte. »Ob man den einladen soll oder nicht«, so Fried, »darüber kann man streiten. Wenn man ihn eingeladen hat, ihn auszuladen, ist ganz bestimmt falsch und kleinkariert.«[1]

Dass seine Person in der Talkshow »III nach 9« unerwünscht war, hatte Kühnen erst erfahren, als er bereits vor den Studio-Türen in Bremen-Osterholz stand. Das war am 21. Januar 1983. Mobiltelefone für den Privatgebrauch gab es noch nicht. Der verhinderte Talkshow-Gast ließ sich seine Ausladung schriftlich bestätigen, verlangte eine Aufwandsentschädigung in Höhe von etwa 300 DM und trat gemeinsam mit den beiden ihn begleitenden Kameraden die Heimreise an. Nun saß er mit einem kleinen Kreis von Gesinnungsgenossen, darunter sein enger Mitstreiter Thomas Brehl, in einer Wohnung im hessischen Städtchen Rodgau und schaute sich die Sendung im Fernsehen an.

Die Entscheidung, den Neonazi auszuladen, war am Tag zuvor gefällt und von Fernsehprogrammdirektor Hans-Werner Conrad intern kommuniziert worden. Vorhergegangen war eine rund eineinhalbstündige Debatte im Rundfunkrat. Der Beschluss veränderte den Charakter der Sendung: Ursprünglich hatte man über die Gefahr eines neu aufflammenden Rechtsextremismus diskutieren wollen. Doch jetzt stand das Für und Wider von Kühnens Teilnahme als Talkshow-Gast im Mittelpunkt der Debatte. Vor dem Sender-Gebäude hatte sich eine Gruppe von Frauen und Männern jeden Alters versammelt, um zu demonstrieren.

Das Transparent der Deutschen Friedensunion verkündete: »Nie wieder Faschismus! Gemeinsam für die Verteidigung der Grundrechte und Sicherung des Friedens.« Die Schilder der Sozialistischen Deutschen Arbeiterjugend (SDAJ) forderten das sofortige »Verbot aller faschistischen Organisationen« und »Freundschaft mit Ausländern«. Während ein Sprecher der Vereinigung der Verfolgten des Naziregimes – Bund der Antifaschisten (VVN-BdA) begrüßte, dass Kühnen »fünfzig Jahre nach der In-die-Macht-Setzung der Nazis kein Rederecht« bekam, erklärte Programmdirektor Conrad, er sei persönlich und im Prinzip nach wie vor ein Befürworter der Diskussion mit einem Neonazi. Er habe mit der Ausladung Kühnens jedoch dem Umstand Rechnung tragen wollen, dass es eine richtige »Angst davor gibt, dass solche Leute wieder in die Öffentlichkeit treten«. Eine klare und in sich stimmigere Position bezog Moderatorin

Lea Rosh. Sie erklärte, von Anfang an gegen die Einladung Kühnens gewesen zu sein. Die Journalistin zeigte sich erleichtert, dass es genügend Menschen gebe, die verhinderten, »dass diese Leute sich überall artikulieren können«.[2]

Ein gewichtiges Argument gegen die Einladung Kühnens in eine Sendung des öffentlich-rechtlichen Fernsehens brachte der Talkshow-Gast Dietrich Güstrow vor. »Hitler wäre gar nicht der geworden, wenn er nicht das Radio zur Verfügung gehabt hätte«, sagte der Wahlverteidiger von Angeklagten des gescheiterten Attentats auf Adolf Hitler vom 20. Juli 1944. Nun hege er eine gewisse Sorge, solchen wegen Volksverhetzung und neonazistischer Umtriebe verurteilten Fanatikern »das Medium des Fernsehens zur Verfügung zu stellen«. Sie werden, hielt er Fried entgegen, »Fanatiker nicht überzeugen können und zu Geständnissen bewegen, sich zur Menschlichkeit zu bekennen. Das ist nicht möglich.«

KAMPF GEGEN DIE BARBAREI

Der Dichter wiederum machte deutlich, nun seinerseits keinesfalls irgendwelche Sympathien für den Hitler-Faschismus oder sonst irgendeinen Faschismus zu hegen. Er sei durch die Nazis zum Flüchtling gemacht und seine halbe Familie von diesen vergast worden. Das Erstarken nationalistischer Kräfte hatte Fried seit seiner Vorschulzeit als hochbegabtes und politisch außergewöhnlich interessiertes Kind in Wien als Abfolge blutiger Gewalttaten erlebt, die von einem Abbau demokratischer Rechte von Seiten der Regierung begleitet war.

Den nachfolgenden Terror der Naziherrschaft hat er im Nachhinein weder vergessen können noch in irgendeiner Weise relativieren wollen. Ganz im Gegenteil: Er stellte seine Arbeit als Schriftsteller ausdrücklich in den Dienst der Erinnerung an diese Schreckenszeit. Nie wieder sollte so etwas geschehen. Dazu wollte er seinen Beitrag leisten.

Im Eingangsbereich seines Londoner Hauses erinnerte eine Reproduktion von Picassos Gemälde »Guernica« an die Zerstörung der baskischen Stadt durch die Faschisten.[3] Sie war von den Bomben der deutschen Legion Condor zerstört worden, die an der Seite des rechtsgerichteten Putschisten General Francisco Franco im Spanischen Bürgerkrieg gegen die Verteidiger der Republik kämpften. Über dem Schreibtisch in seinem Arbeitszimmer an der Wand war eine Fotografie des Vaters zu sehen. Hinter der Glastüre eines Bücherschranks wiederum bewahrte er ein Stück rostigen Stacheldraht aus dem KZ Esterwegen und eine Messerklinge auf, die er bei einem Besuch der Gedenkstätte in Auschwitz aufgesammelt hatte. Hier war seine Großmutter ermordet worden. Fried sah es als seine Aufgabe an, »gegen diese Barbarei und alles vom gleichen Schlag zu kämpfen, solange ich lebe«,[4] wie er am 5. Juli 1972 in einem Brief an den Schriftsteller Heinrich Böll schrieb. Den Entschluss hatte er gefasst, kurz nachdem sein Vater an den Folgen seiner Misshandlung in der Gestapo-Haft verstorben war. Daran, dass der Dichter ein entschlossener Antifaschist war, kann überhaupt kein Zweifel bestehen. Er wollte den Feind aber nicht nur bekämpfen, sondern – um gegen die in seinen Augen längst nicht gebannte faschistische Gefahr besser gewappnet zu sein – auch verstehen.

Wie hatte es geschehen können, dass aus ganz normalen Jugendlichen überzeugte Nazis wurden? Das war eine der Fragen, die den Schriftsteller bis zum Ende seines Lebens beschäftigten. In der Fernsehsendung »III nach 9« erzählte er von Mitschülern, die seinerzeit zum großen Teil Mitglieder der von der austrofaschistischen Regierung verbotenen Nazi-Partei waren. Dann sagte er etwas Überraschendes: »Ich glaube, dass das nicht wesentlich schlechtere oder dümmere Jungen waren als ihre jüdischen oder antifaschistischen Mitschüler. Was einer geworden ist, das hing von unwägbaren Dingen ab. Der Nazismus und der Neonazismus ist eine der gefährlichsten Irrlehren und unmenschlichsten Lehren. Aber deswegen würde ich noch lange nicht sagen, dass ich mit einem, der darauf hereingefallen ist, mich nicht an einen Tisch setze. Wenn ich hoffen kann, dadurch diese Dinge zu desavouieren oder ihn vielleicht zweifeln zu machen.« Über das Motiv, das der Ausladung Kühnens zugrunde lag, spekulierte er: »Wir trauen uns offenbar nicht zu, mit so etwas fertig zu werden, wenn er auch herkommt.« Auf Seiten derer, die sich über die Neonazis empört zeigten, glaubte der Schriftsteller zudem viel Heuchelei erkennen zu können. Die neuen Faschisten würden in brutaler und unverblümter Ehrlichkeit vertreten, was auch viele CSU- und manche CDU-Anhänger in halbbewusster Form unterstützten.

War das übertrieben? Schaut man sich die näheren Umstände von Kühnens Ausladung an, so waren diese eher dazu geeignet, den Heuchelei-Verdacht zu untermauern als ihn zu entkräften. »Zum Thema des Rundfunkrates hatte Bernd Neumann, Chef der Bremer CDU-Fraktion, den Fernsehauftritt Kühnens gemacht, indem er öffentlich dessen Ausladung gefordert hatte und zu bedenken gab, dass andernfalls auch die Bürgerschaft verärgert sein würde, die in der nächsten Woche über die Erhöhung der Fernseh- und Rundfunkgebühren zu befinden habe.«[5] Sechs Jahre zuvor hatte der Politiker noch eine unrühmliche Rolle im Streit um Frieds Gedicht »Die Anfrage« gespielt, das von einer Bremer Lehrerin im Unterricht behandelt worden war.

Die Verse setzen sich mit den gesellschaftlichen Ursachen des Linksterrorismus auseinander und hinterfragen die Verhältnismäßigkeit der im staatlichen Kampf gegen diesen verwendeten Mittel. Am Ende heißt es: »Wieviel Tausend Juden/muss ein Nazi ermordet haben/um heute verurteilt zu werden/zu so langer Haft?« Einigen Eltern gefiel das nicht. In dieser Zeit brachte eine Reihe von zum Teil tödlichen Anschlägen der Rote Armee Fraktion (RAF) die öffentliche Meinung gegen die inhaftierten Terroristen und die sogenannte Sympathisanten-Szene auf. Die Eltern beschwerten sich über die Verwendung von Frieds Gedicht im Klassenzimmer. Neumann schwang sich zu ihrem Fürsprecher auf und sagte in der Bürgerschaft: »So etwas würde ich lieber verbrannt sehen.«

Eine Äußerung, bei der nicht wenigen Zeitgenossen unwillkürlich der Gedanke an die von den Nazis am 10. Mai 1933 durchgeführte Verbrennung der Bücher verfemter Autoren in zahlreichen deutschen Universitätsstädten in den Sinn kam. Dem Vorwurf, er habe dabei vergleichbare Absichten gehegt, entgegnete der konservative Politiker, er habe keine literarische Bewertung der Gedichte von Fried vornehmen wollen. Dabei unterschlug er, dass auch die Nazis und ihre begeisterten Unterstützer unter der Studenten- und Professorenschaft bei ihrer Aktion weniger von ästhetischen als von politischen Motiven angetrieben waren. Dem CDU-Mann haftete infolge der Auseinandersetzung mit Fried in Teilen der Öffentlichkeit der Geruch eines Ewiggestrigen an. Er hatte also allen Grund, sich als entschiedener und besonders energischer Kämpfer gegen den Neonazismus zu inszenieren. Ist so der Nachdruck zu erklären, mit dem er auf die Ausladung Kühnens aus der Talkshow drängte? Plausibel wäre es. Dass er auf diese Weise erneut den Unmut von Erich Fried erregen würde, konnte Neumann damals nicht wissen. Es hätte ihn wohl auch nicht weiter gestört.

DER ANRUF

Fried, das machte der Dichter in der Talkshow mehrmals klar, ging es darum, der faschistischen Ideologie den gesellschaftlichen Nährboden zu entziehen. Er war der Meinung, dass die sich Anfang der achtziger Jahre zuspitzende Konfrontation zwischen den USA und der Sowjetunion sowie den von ihnen angeführten Militärbündnissen Nato und Warschauer Pakt ein solcher Nährboden war. Fried war ein radikaler Linker, aber alles andere als ein Freund der Sowjetunion und des von ihr angeführten sozialistischen Staatenblocks. Das autoritäre System der Parteidiktatur war ihm verhasst. Mit den Stalin-Anhängern unter den Kommunisten hatte er schon in seinen ersten Jahren im Londoner Exil so manchen Streit ausgetragen. Seit 1952 geißelte er als politischer Kommentator des gezielt auf die Bewohner der DDR ausgerichteten deutschsprachigen »German Soviet Zone

Programme« der BBC in seiner Sendung »Persönliche Betrachtung« den undemokratischen Charakter von Staat und Partei in der Sowjetunion[6] und polemisierte – teils in äußerster Schärfe – gegen von ihm als »Lügen- und Verleumdungspropaganda«[7] bewertete Presseveröffentlichungen in der DDR.[8]

»Fast jeden Morgen gegen fünf Uhr«, erinnert sich der damals noch als überzeugter Kommunist im sozialistischen Teil Deutschlands lebende Liedermacher Wolf Biermann, »standen Hunderttausende oder sogar Millionen Menschen in den osteuropäischen Ländern auf, nur, um seine Radiosendungen über Kurzwelle zu hören.«[9] 1968 hatte sich Frieds Sicht auf den real existierenden Sozialismus zu verändern begonnen. Zum einen registrierte er, dass sich nach Stalins Tod hinter dem Eisernen Vorhang manches zum Besseren gewendet hatte. Zum anderen bewertete er die Außen- wie die Innenpolitik westlicher Staaten nun zunehmend kritischer. Unter dem Eindruck der militärischen Interventionspolitik der USA in Vietnam und Lateinamerika, des KPD-Verbots sowie innen- und außenpolitischer Entscheidungen der Labour-Regierung in Großbritannien war er zu diesem Zeitpunkt nicht mehr bereit, den von der BBC im Kalten Krieg eingeschlagenen Konfrontationskurs weiter mitzutragen und beendete nach 17 Jahren die Zusammenarbeit.[10] Eine Distanz zur Politik der sozialistischen Staaten behielt er zwar zeit seines Lebens bei, doch dem antikommunistischen Feindbild des »Russen« wollte sich Fried nicht anschließen. In seinen Augen stand dieses ganz eindeutig in der »kulturellen Kontinuität der Nazi-Zeit«. Die daran anknüpfende Politik des Wettrüstens hielt er in hohem Maße für gemeingefährlich.

»Ich glaube wirklich«, erklärte er in der Talkshow »III nach 9«, »dass die Nato-Rüstung eines der schwersten Verbrechen ist gegen die Menschheit.«[11] Zahlreiche Politiker beteiligten sich an der Vorbereitung eines atomaren Erstschlags, also an einem Massenmord, der – wie der Dichter betonte, »viel mehr Leute umbringen würde, als die Nazis umgebracht haben«. In seinen Augen war dadurch ein gefährliches »Heuchel-Klima« entstanden, das viele verirrte Jugendliche erst auf den Weg des Neofaschismus gebracht habe.

Ob man mit Nazis reden dürfe, mit neuen und mit alten, so stellte sich im Verlauf der Sendung mehr und mehr heraus, schien für Fried nie eine Frage gewesen zu sein, über die er sich den Kopf zerbrach. Der offen geführte Streit, aber auch das Gespräch, um ihre Motive besser zu verstehen, gehörten für ihn selbstverständlich zum antifaschistischen Kampf. Von der Dämonisierung von Menschen, die der Ideologie der Nazis anhingen, hielt er nichts. Man dürfe nicht tun, als ob sie völlig andere Menschen seien. Auch sie würden lachen und weinen. »Sie sind«, erklärte er dem Fernsehmoderator Günter Nenning im Zwiegespräch, »Menschen mit zum Teil ganz ehrlichen Ansichten, die nur verderblich sind.« In der Schlussrunde, in der alle zuvor in ausführlichen Einzelgesprächen vorgestellten Talk-Gäste mit den Moderatoren beisammensaßen, berichtete er schließlich von Gesprächen, die er »mit alten SS-Männern« geführt hatte. Mehrmals sei ihm geschehen, dass jemand von denen nach einiger Zeit sagte: »Ich habe bisher nur mit Leuten gesprochen, die entweder gesagt haben: Kamerad, ich denke ähnlich wie du, aber das darf man heute nicht laut sagen, oder mit Leuten, die gesagt haben: So jemand wie du gehört zertreten. Aber dass jemand mir ernste Argumente entgegenstellt und ich die ganze Zeit gleichzeitig das Gefühl habe, der meint es nicht schlecht mit dir, ist mir nicht geschehen. Und jetzt will ich dir sagen, was ich alles auf dem Gewissen hab.«

Wenig überraschend stießen Frieds Ausführungen bei einigen Zuhörern im Studio – und sicher bei einer noch größeren Menge vor dem heimischen Bildschirm – auf Unverständnis. Insbesondere Lea Rosh ließ keinen Zweifel daran, dass sie mit Fried in dieser Angelegenheit alles andere als einer Meinung war. Ein paar Minuten zuvor hatte sie ihre ablehnende Haltung gegenüber der Einladung des Neonazis Kühnen mit dem Hinweis unterfüttert, dass dieser – ohne dafür belangt zu werden – in einem Gerichtssaal habe sagen können: »Die Kopfhaut einer Judenstirn ergibt 'nen prima Lampenschirm, Fiderallala.« Nun brachte sie ihr Unbehagen über Frieds gerade erklärte Redebereitschaft mit ehemaligen Angehörigen der SS zum Ausdruck, zumal wenn so einer zum Mörder geworden war: »Aber was bringt denn das, wenn er vorher so und so viel Leute umgebracht hat?« Fried konterte: »Das zeigt etwas über unsere Zivilisation und über die Möglichkeit der Leute, die Vergangenheit zu bewältigen.«

Ein ins Studio eingeladener Vertreter der vor dem Sender demonstrierenden Antifaschisten war entsetzt. Bisher habe er immer gedacht, dass er mit Fried in einer Reihe stünde. Angesichts neofaschistischer Schmierereien, der Anschläge auf das Münchner Oktoberfest und auf Ausländerheime könne er dessen Haltung überhaupt nicht verstehen.

Michael Kühnen hingegen, erinnert sich der Neonazi

Thomas Brehl, war von den Worten des Dichters wie elektrisiert. Als die Talkshow zu Ende war, habe dieser ausgerufen: »Und jetzt setz' ich noch einen drauf, ich ruf' im Sender an!« Er wolle mit Erich Fried sprechen und sich bei ihm für seine Worte bedanken. Gesagt, getan. Der Telefondienst von *Radio Bremen* reagierte auf sein Ersuchen zunächst zögerlich, aber Kühnen ließ sich nicht abwimmeln. Er war ja kein gewöhnlicher Anrufer, der einfach nur mal mit einem Prominenten sprechen wollte. Die Causa Kühnen war Dreh- und Angelpunkt der Fernsehsendung. In einem großen Teil der Talkshow war es einzig und allein um seine Person gegangen. Dies könnte er seinen zögerlichen Gesprächspartnern am anderen Ende der Leitung zu verstehen gegeben haben. Schließlich wurde er tatsächlich in die Kantine des Senders durchgestellt, wo Gäste, Moderatoren und die Redaktion von »III nach 9« wie nach jeder gemeinsam absolvierten Sendung bereits den gemütlichen Teil des Abends eingeleitet hatten. Dank eingeschalteter Mithörtaste wurden Kühnens Kameraden nun zu Zeugen der folgenden höchst ungewöhnlichen Unterredung.

Da plauderte der bekennende Nationalsozialist, so Brehl, »seelenruhig mit jenem Mann, dessen Gedichte uns die linken Gegendemonstranten mitunter ins Ohr grölten«.[12] Das Erstaunliche war: Die beiden Männer – so stellt es Brehl dar, und anders wären die dem Telefonat folgenden Geschehnisse kaum nachvollziehbar – hatten offenbar auf Anhieb einen persönlichen Draht zueinander. Dabei waren sie – der dem Zugriff der Nazi-Häscher durch Flucht ins englische Exil entronnene jüdische Dichter und der sehr viel jüngere Neonazi – nach landläufiger Meinung alles andere als dazu bestimmt, in irgendeiner Form Gefallen aneinander zu finden. Der eine ergriff Partei für die Täter des Holocaust, der andere hätte – so wie es vielen seiner Verwandten widerfahren war – von diesen ermordet werden sollen. Auschwitz, die planmäßig erfolgte Vernichtung der europäischen Juden, stand zwischen ihnen. Über diesen Graben konnte kein Steg führen. Oder doch? Am Ende des Gesprächs soll es Fried gewesen sein, der schließlich sagte: »Wir müssen uns noch viel öfter und eingehender unterhalten, Herr Kühnen.«

Vielleicht sind es nicht genau diese Worte, die der Dichter wählte. Dem Inhalt nach werden sie sicherlich stimmen. Jedenfalls waren sich die beiden politisch so gegensätzlichen Gesprächspartner in einer Sache schnell einig. Sie wollten sich möglichst bald noch einmal treffen, um ihre Unterredung fortzusetzen. An diesem Abend wurden die Weichen für eine selbst für Eingeweihte nur schwer zu verstehende Beziehung gestellt.

WORTE DER ZUNEIGUNG

Rasch wird sich eine so große emotionale Nähe zwischen dem linken jüdischen Dichter und dem Neonazi entwickeln, dass das Wort »Freund« – so abwegig es zunächst erscheinen mag – als eine angemessene Bezeichnung für ihr außergewöhnliches Verhältnis erscheint.[13] Beide Männer suchten den Freund im jeweils anderen und haben ihn – trotz ihres für Fried wohl schwer erträglichen Disputs über das Thema Holocaust und die angebliche »Auschwitz-Lüge« – in der nie aufgegebenen gegenseitigen Zuwendung wohl auch gefunden.

Deutlich wird das in den Briefen, die sie einander schrieben, nachdem Kühnen, der bereits mehrere Jahre Knasterfahrungen gesammelt hatte, erneut inhaftiert worden war. Ihr Inhalt ist der breiten Öffentlichkeit bis heute weitgehend unbekannt geblieben. Nur eines der sechzehn überlieferten Schreiben, ein Brief aus der Feder Frieds, wurde posthum im Rahmen eines schmalen Auswahlbands aus der Korrespondenz des Dichters in Gänze veröffentlicht – und dies erst 2009, also zwanzig Jahre nach dem Tod des Schriftstellers. Zu diesem Zeitpunkt war – die Anhänger seiner Dichtkunst mögen mir verzeihen – dessen einst hell leuchtender Stern am Literaturhimmel bereits ein wenig verblasst. Der durch seine Debattenbeiträge und eine Reihe von politischen Skandalen einst weithin bekannte Intellektuelle war – zumindest für die breite Öffentlichkeit – schon etwas in Vergessenheit geraten. Doch allein dieser eine Brief vom 18. Januar 1985 hat es in sich – und das gleich in mehrfacher Hinsicht. Geht es doch um die von Kühnen stets bestrittene Vernichtung der europäischen Juden durch die Nazis, ihre Helfer und Helfershelfer sowie um die glühende Verehrung, die der nachgeborene Jungfaschist ausgerechnet Adolf Hitler entgegenbrachte.

Angesichts dieses für Fried schwer verdaulichen Inhalts überrascht der behutsame und zugewandte Ton, mit dem sich der Dichter darum sorgt, ob er dem als »lieber Michael« angesprochenen Neonazi die »inhaltlichen Diskussionen zumuten darf«, wo dieser doch jetzt alle Kraft zusammenhalten müsse für seinen Prozess. Man könnte zunächst meinen, dass es sich dabei um eine ironische Bemerkung handelt, durch die Fried eine Distanz zwischen sich und Kühnen aufzubauen versucht, um von diesem nicht verletzt zu werden. Das wäre verständlich, trifft aber nicht zu. Ganz im Gegenteil. Er bietet Kühnen seine offene Flanke, zeigt sich ihm als verwundbarer Mensch. »Es wäre mir sehr schmerzlich«, schreibt der dem Tod im Vernichtungslager nur knapp entronnene Antifaschist, »etwas zu sagen, was Deine Empfindungen mir gegenüber in Abneigung verwandelte. Und doch schulde ich Dir, gerade Dir, weniges so sehr als wirkliche Aufrichtigkeit, wirkliches Dich-Ernstnehmen. Und da habe ich so vieles zu sagen, darunter auch, was für Dich schwer zu hören, zu lesen, zu ertragen sein kann. Und doch schulde ich Dir das, wenn das Gespräch nicht zur bloßen Konversation herunterkommen soll.« Seinen Brief beendet Fried mit guten Wünschen für Kühnen: »Einstweilen nur alles Gute für Dein persönliches Schicksal, das mir trotz aller ideologischen Fragen doch keineswegs unwichtig ist!« Diese mehr als nur höfliche Geste irritiert zweifelsohne und ist daher erklärungsbedürftig.

Zu Lebzeiten des Dichters wussten nur sehr wenige Eingeweihte vom Inhalt seines Briefwechsels mit dem Neonazi. Erst Jahrzehnte später wurde er zum Gegenstand einer literaturwissenschaftlichen Arbeit über öffentliche Kontroversen um Erich Fried, deren Rezeption sich aber auf kleine Fachkreise beschränkte.[14] Die Freundschaft des Dichters zu Kühnen, die zunächst einmal privater Natur war, wurde nie zum Gegenstand irgendeiner Debatte. Die Empörung wäre sicherlich größer gewesen, hätte die Öffentlichkeit den Umfang und Inhalt ihres Briefwechsels schon gekannt.

Frieds Ehefrau Catherine glaubt, der Austausch mit Kühnen sei für ihren Mann »fast ein Kreuzzug« gewesen, bei dem ihm das Unmögliche gelang: einen Neonazi davon zu überzeugen, sich der Realität des Holocaust zu stellen. Das mag stimmen, erfasst die Natur ihres Verhältnisses aber nur ungenügend. Das sei, schreibt die Gattin in einer sehr knapp gehaltenen Passage in ihrem sehr lesenswerten Erinnerungsbuch, »eine eigenartige Beziehung« gewesen, »die bis zu Kühnens Tod im Gefängnis anhielt«. In Wirklichkeit war ihr Mann, der am 22. November 1988 in einer Klinik in Baden-Baden einem langen Krebsleiden erlag, seinem Schöpfer rund zweieinhalb Jahre früher entgegengetreten als sein Briefpartner. Kühnen starb erst am 25. April 1991 in Kassel – und zwar nicht im Gefängnis, sondern im Krankenhaus. Dem Lektorat des Wagenbach-Verlags ist dieser Fehler offenbar entgangen. Solche Dinge können im Verlagsalltag sicherlich passieren. Dennoch stellt sich die Frage: War es lediglich eine Unachtsamkeit oder vielleicht doch eine besondere Befangenheit, ein letztlich nicht genau Hinsehen-Wollen oder Hinsehen-Können, das den Lapsus herbeiführte? Möglicherweise fällt es leichter, die Begegnung zwischen Fried und Kühnen als naiven und letztlich zum Scheitern verurteilten Versuch der »Bekehrung« eines Neonazis zu betrachten – was sie in Teilen ja *auch* war – als den Beziehungsaspekt ihres Gedankenaustauschs in den Blick zu nehmen.

Obwohl die Begegnung für Fried »von größter Bedeutung«[15] war, wie sich seine Frau erinnert, geriet sie nach seinem Tod schon bald in Vergessenheit. Sie bleibt in der bereits 1989 erschienenen Biographie von Gerhard Lampe völlig ausgespart. Die Publikation trägt den vor diesem Hintergrund leicht ironisch anmutenden Titel: »Ich will mich erinnern an alles was man vergisst«. Ein Hinweis auf das Zusammentreffen der beiden Männer fehlt auch in dem sehr schönen großformatigen, von Catherine Fried und Volker Kaukoreit herausgegebenen Band »Erich Fried. Ein Leben in Bildern und Geschichten« aus dem Jahr 1996.

Fast ein Vierteljahrhundert später ist es an der Zeit, endlich Licht auf diese lange Zeit vernachlässigte Episode in Frieds Leben zu werfen. Im Zentrum steht dabei eine Frage, die schon die mit Fried befreundete Theologin Dorothee Sölle beschäftigt hat: »Wie konnte ein so scharfsinniger Kopf wie Erich Fried idealistisch und blind auf die Vernunftfähigkeit, die Menschlichkeit eines Verblendeten setzen?«[16] Ich werde versuchen, dem Rätsel auf die Spur zu kommen. War es wirklich nur ein Tick, eine Verschrobenheit, die Fried dazu brachte, die persönliche Nähe zum Neonazi Kühnen zu suchen? Für politisch naiv wird man den seit frühester Jugend im Kampf gegen den Faschismus engagierten Schriftsteller nicht halten dürfen. Die tödliche Gefahr, die von dieser Ideologie und ihren Anhängern ausging, war ihm jederzeit bewusst. »Feindesliebe«, so betont er 1978 in einer Rede, »heißt freilich auch nicht, vergessen, dass Feinde – oder doch viele von ihnen – immer noch Feinde sind ... und ihrerseits oft gar nicht beseelt von Feindesliebe.«[17] Redet so jemand, der sich »aus Furcht vor weiterer Viktimisierung vorbeugend bei den Tätern anbiedert«,[18] wie Henryk M. Broder 1987 in seiner damals im *Spiegel* publizierten und in weiten Kreisen wahrgenommenen Generalabrechnung mit dem Linksintellektuellen polemisierte? Haben wir es, wie der Journalist meinte, mit der »Psychopathologie eines Opfers« zu tun, das sich auf diese Weise erhoffte, dass die Täter ihn beim nächsten Aufräumen aus Güte und Einsicht verschonen würden?

Oder steckt etwas anderes dahinter? Dass die Gewalt, die er und seine Familie im Faschismus erfahren haben, keinerlei Spuren in der Seele des Dichters hinterlassen hätte, ist zweifelsohne auszuschließen. Insofern waren Broders mit spitzer Feder notierte Mutmaßungen nicht völlig aus der Luft gegriffen. Andererseits muss eines doch auch klar sein: Wenn jemand wie Fried, der den Aufstieg des Faschismus als politisch wacher Heranwachsender erlebt und schon damals nach Kräften bekämpft hatte, nun meinte, mit einem Neonazi reden zu müssen, wird sicher mehr dahinter gesteckt haben als vorauseilender Gehorsam gegenüber einem als übermächtig erscheinenden Feind oder gar ein psychischer Defekt. Zumindest darf unterstellt werden, dass jemand wie er, der als Schriftsteller die Reflexion schon früh zum Beruf gewählt hatte, sich darüber gründlich Gedanken machte und ganz genau zu wissen glaubte, was er tat und warum er es tat.

JUGEND IN WIEN

»Telegraf, Telegraf am Mittag, 10 Groschen«, erklang die alte, schrille Stimme der Zeitungsverkäuferin.[1] Jeden Werktag stand sie hier vor den Glasfenstern des Café Thury im neunten Wiener Bezirk, genannt: am Alsergrund. Bis 1850 befand sich hier der Vorort Thury. Der Name erinnert an den Ziegelbrenner und Hofbediensteten Johann Thury, der sich zur Mitte des 17. Jahrhunderts als Erster wieder hier niederließ, nachdem die türkische Belagerungsarmee das verwüstete Gebiet verlassen hatte. An den Bach, der sich hier einst seinen Weg gebahnt hatte, erinnerte jetzt nur noch ein Straßenschild: Alserbachstraße. Man hatte ihn im 19. Jahrhundert eingewölbt, um der Rattenplage und der Cholera Herr zu werden.[2] Hier, in Nummer 11, Ecke Pfluggasse kam Erich Fried am 6. Mai 1921 als das einzige Kind der Grafikerin Nellie Fried, geb. Stein, und Hugo Frieds in der Wohnung der Großmutter Malvine Stein zur Welt. Die jüdische Familie lebte bis zum Ende der dreißiger Jahre unter einem Dach. Erich verbrachte fast seine gesamte Kindheit und Jugend in diesem Haus.

Betrachtet man alte Fotos, so hat sich das unmittelbare Umfeld des Bürgerhauses seitdem äußerlich kaum verändert. Die Fassaden ähneln sich. Nach wie vor zieht die Tram der Linie 5, der Fünfer, auf der Alserbachstraße ihre Bahn durch die Nachbarschaft. Ein Metallgatter trennt den Gehweg von der etwas tiefer liegenden Straße. Die darauf befestigten Blumenkästen sind leer. Ein Kaugummiautomat. Das Spezialitätenrestaurant Tiflis preist die georgische Küche an. Kleingewerbe, kleine Lädchen. Ein Tapeziergeschäft, die Räumlichkeiten der Kindergruppe »Kükennest«. Ein Porzellanladen und ein Solarium. Mehrere Geschäftsräume stehen leer. Ein Hofladen wirbt mit echt österreichischem Bienenhonig. Auf dem Türschild steht: »Aufgrund der unerträglichen Hitze haben wir vom 8.8.–18.8. geschlossen!« Dort, wo man einst einen Blick in die Fenster des Café Thury hatte werfen können, residiert im August 2018 eine Filiale der »Büchereien Wien« – daneben ein Fitnessstudio. An der Fassade des Hauses mit der Nummer 11 ist eine Plakette für den 1981 oder 1982 von Friedensreich Hundertwasser gepflanzten sogenannten Baummieter angebracht. Die bei Renovierungsarbeiten zu Schaden gekommene Robinie, die der damals sehr populäre Künstler aus einem Fenster über der zu dieser Zeit dort befindlichen Filiale der Zentralsparkasse wachsen ließ, wurde durch eine Hainbuche ersetzt. Der Visionär wollte die städtische Atemluft durch die Bepflanzung von Wohnhäusern verbessern. Angesichts der stickigen Hitze, welche die Wiener seit endlosen Wochen quält, mag das heute manchem wieder sehr plausibel erscheinen.

Wer seinerzeit die Wohnung der Familie Fried im vierten Stock betrat, kam zunächst in ein großes Vorzimmer, dem rechts ein langer Flur folgte. Auf der linken Seite befanden sich Salon, Speiseraum und das Schlafzimmer der Eltern.[3] Auf der rechten Seite des Flurs waren die Fenster zum Hinterhof, Bad und Toilette, eine Kohlenkammer, die Kammer des Hausmädchens und die Küche, dahinter, mit Blick in den Hof, das Zimmer, in dem der kleine Erich mit nicht nachlassender Energie seine Ideen spann. Nach wie vor lädt die etwas oberhalb gelegene Markthalle, die Erich von der Wohnung aus sehen konnte, ihre Kunden zum Einkauf ein. Nur dass sich heute ein Supermarkt hinter ihren Mauern verbirgt. Im Winter stellten sich hier Schlangen von Erwerbslosen zum Schneeschaufeln an und in den Kolonialkübeln schräg gegenüber suchten Menschen nach essbarem Abfall.[4] Auch heute nähren sich die Mittellosen wieder von dem, was andere weggeworfen haben.

Es gehörte zu den lebenslangen Eigenarten Erich Frieds, dass auch er ständig in Mülltonnen zwar nicht nach Nahrung, aber doch nach sonst irgendwie Verwertbarem suchte. Nach Gerätschaften, die sich vielleicht noch gebrauchen und – falls beschädigt – von ihm reparieren lassen würden: Lampen, Stecker, Regale oder Staubsauger. Als er in London für den BBC World Service arbeitete, fischte er beispielsweise Karteikarten und Schreibpapier aus dem Container vor dem Bush House, in dem viele, immer wieder wechselnde Firmen und Büros ihren Sitz hatten.[5]

WUNDERKIND MIT HANDICAP

Kaputte Gegenstände wiederherzurichten, gehörte zu seinen lebenslangen Leidenschaften. Er war nicht, wie man Dichtern leicht unterstellt, abgehoben und vergeistigt, sondern hatte zuweilen einen ausgeprägten Sinn für das Praktische. Schon der Sechzehnjährige betätigte sich als Erfinder – mit einigem Erfolg: Er brachte ein Verfahren zur Glühlampenherstellung bis zur Patentreife. In seinen späten Jahren muss der mit ungelenken Bewegungen im Müll wühlende Dichter auf Passanten zuweilen wie ein Clochard gewirkt haben. Aufgrund einer angeborenen Muskelerkrankung, der Friedreich-Ataxie, konnte der kleine Erich nicht wie die anderen Kinder herumtollen.[6] Er entwickelte weniger bewegungsintensive Vorlieben, um sich zu vergnügen, und besondere Fähigkeiten, um am Geschehen in seiner Umgebung teilzunehmen und Aufmerksamkeit zu erregen.

Trude Mandel, eine Cousine zweiten Grades, erinnert sich, dass er und sie beim sonntäglichen Abendessen bei ihrer Großmutter immer am Katzentisch sitzen mussten. Erich pflegte hierbei die Gespräche der Erwachsenen genau zu verfolgen und besonders bei politischen Themen mit sehr lauter Stimme dazwischenzureden, wenn er anderer Meinung war. Er stand dann auf und fing an, lange Vorträge zu halten. »Zu altklug für sein Alter«, befanden die Erwachsenen in der Verwandtschaft: »Der Bub war schon wieder vorlaut, weiß immer alles besser.« Andererseits sei man genau deswegen auch irgendwie ein bisschen stolz auf ihn gewesen, so Mandel. Besonders viel Aufsehen erregten die Auseinandersetzungen, die schon der Fünfjährige, der zu diesem Zeitpunkt bereits lesen und schreiben konnte, mit seinem Vater Hugo hatte. Als ihm dieser einmal das Nasenbohren verbot, widersprach der Knirps entschieden: »Papa, ich werde immer in der Nase bohren. Mein ganzes Leben lang werde ich in der Nase bohren.«[7]

Etwa zur selben Zeit, im Jahr 1926, begann seine Karriere als Darsteller einer Kinderschauspieltruppe auf mehreren Bühnen in Wien und in der Umgebung. Erich wurde als Darsteller für die Renaissance-Bühne von dem Regisseur Hans Wachsmann entdeckt, nachdem er seine Spielkameraden im nahe seines Zuhauses gelegenen Liechtensteinpark zunächst mit selbst ausgedachten Geschichten gefesselt hatte und sie dann dazu brachte, kleine, von ihm ausgedachte Stücke zu inszenieren, bei denen er selbst mitspielte. Schnell wurde das ungewöhnlich redegewandte Vorschulkind, das zu den Kleinsten der Kinderdarsteller gehörte, zu einem in den Artikeln der Wiener Presse gefeierten Star der Truppe. »Erich Fried«, hieß es in einer Theaterkritik, »noch nicht fünfjährig, war als Azur und Bettler nicht nur ein sehr guter Sprecher, sondern ein Schauspieler mit geradezu dämonischer Wirkung.«[8]

Derselbe Knirps, der sich von seinem Vater immer wieder hatte anhören müssen, »ein Krüppel und nicht lebensfähig zu sein«,[9] zog nun die Aufmerksamkeit eines begeisterten Publikums auf sich. »Bei Pressekonferenzen vor den Theateraufführungen«, schreibt Fried in seinen Erinnerungen, »musste ich immer dabei sein, um mit den Journalisten zu sprechen.«[10] Sein Rezitationsstil war so packend, dass der Regisseur Max Reinhard auf ihn aufmerksam wurde. »Dieser war durch die berühmte Volksschauspielerin Hansi Niese auf den begabten Knaben hingewiesen worden und hatte sich auch bereiterklärt, die Kosten seiner weiteren Ausbildung zu übernehmen, wenn Erich Fried seinem Ensemble beitreten würde.«[11] Doch daraus wurde nichts. Denn die von Fried im Nachhinein als »Wunderkinderzeit« bezeichnete

Phase seines Lebens endete abrupt, als er eingeschult wurde. Der Vater verbot ihm, mit seinen Auftritten fortzufahren. Er habe, erinnert sich Erich Fried im Gespräch mit dem Journalisten Hanjo Kesting, unterdessen »mit fünfeinhalb, sechs Jahren zu schreiben angefangen, ganz schlechte Gedichte mit einem ungeheuer großen Wortschatz, wobei ich die veralteten Worte von denen, die noch gängig waren, nicht trennen konnte. Ich habe auch versucht, auf Zeitereignisse, zum Beispiel auf die Schießerei am blutigen Freitag zu reagieren.«[12]

DER ERSTE POLITISCHE AUFTRITT

An der Hand seiner Mutter hatte der kleine Erich am 15. Juli 1927 mit eigenen Augen gesehen, wie auf der Kolingasse Menschen mit vor Angst verzerrten Gesichtern und blutbefleckter Kleidung in Richtung der Außenbezirke flohen und Bahren mit toten und verwundeten Arbeitern an ihnen vorbeigetragen wurden. Sie waren auf Befehl des Polizeipräsidenten Johann Schober von der mit Karabinern aus Heeresbeständen ausgerüsteten Polizei erschossen worden, nachdem ein Teil der Demonstranten den Justizpalast in der Ringstraße gestürmt hatte und aus dem obersten Stockwerk des Gebäudes Flammen schlugen. Dabei wurde Scheibenschießmunition verwendet, mit weichen Spitzen versehene Patronen, die beim Aufprall auf den menschlichen Körper eine ähnlich verheerende Wirkung entfalteten wie Dumdumgeschosse. Der Protest war die Reaktion auf den als skandalös empfundenen Freispruch von drei Mitgliedern der antisemitischen Frontkämpfervereinigung Deutsch-Österreichs durch ein Geschworenengericht im burgenländischen Schattendorf. Die rechten Paramilitärs hatten während eines Zusammenstoßes mit dem Republikanischen Schutzbund der Sozialdemokraten einen Hilfsarbeiter und ein sechsjähriges Kind erschossen. Als die Lage vor dem Justizpalast eskalierte, ließ Schober wahllos in die Menge feuern. Fast 90 Menschen, die allermeisten davon Arbeiter, starben an diesem und dem folgenden Tag, sechshundert Menschen, darunter auch Kinder und unbeteiligte Passanten, wurden schwer und weitere tausend Menschen leicht verletzt bei dem Massaker, das als »Blutiger Freitag« in die österreichische Geschichte eingehen sollte. Der damals nicht nur von jungen Linken als »ein Wortsprecher der Wahrheit, ein Anwalt der guten Sache«[13] verehrte Schriftsteller Karl Kraus ließ daraufhin große Plakate in ganz Wien anbringen, deren Aufschrift Fried im Gedächtnis blieb: »An den Polizeipräsidenten von Wien/Johann Schober/Ich fordere Sie auf,/abzutreten.«[14] Das im Oktober herausgekommene Heft seiner Zeitschrift *Die Fackel* widmete sich dem furchtbaren Geschehen. »Von seinen 92 Seiten sind mehr als die Hälfte Zeugenberichten gewidmet, Zuschriften an den Herausgeber, Zeitungszitaten, aus denen hervorgeht, dass die Brandlegung nur zum Anlass genommen wurde, ein Blutbad anzurichten«,[15] erinnert sich der Musikwissenschaftler Georg Knepler, der den Schriftsteller bei seinen Offenbach-Lesungen am Klavier begleitete. Schober habe die Stunde kommen gesehen, »den Arbeitern zu zeigen, wer der Herr im Hause Österreich war«.[16] Der spätere Außenminister und Bundeskanzler gehörte zu den sogenannten Großdeutschen, die den Anschluss Österreichs an das Deutsche Reich anstrebten.

Der allererste politische Auftritt des dem Vorschulalter zu dieser Zeit noch kaum entwachsenen Erich Fried stand in unmittelbarem Zusammenhang mit dem Massaker vom »Blutigen Freitag«. In dem diesen Unruhen folgenden Dezember sollte der inzwischen eingeschulte Junge in dem von seiner Lehreinrichtung genutzten Festsaal anlässlich der Weihnachtsfeier ein Gedicht aufsagen. Die Räumlichkeit befindet sich im Thuryhof an der Marktgasse 3–7. Ein gusseisernes Gitter trennt den Hof des Gemeindebaus von Gehweg und Straße, schwarze und grüne Mülltonnen stehen aufgereiht vor einer Seitenwand des ehemaligen Gemeindesaals, in dem nun ein kleines Theater namens »Altes Kino« sein Zuhause gefunden hat. Am oberen Teil des schweren gusseisernen Gittertores hängt ein großes schwarzes Pappschild mit der Aufschrift: toxic dreams.

Auch hier hat sich rein äußerlich nicht viel verändert, seit Erich Fried als kleiner Junge für einen Moment demonstrierte, dass wirkliche Macht – entgegen einer weit verbreiteten Ansicht – nicht immer aus den Gewehrläufen kommen muss. Auf der Bühne bekam er mit, dass jemand sagte, dass auch der Polizeipräsident unter den Gästen sei. Daraufhin hob der Junge, der in der Kunst des wirkungsvollen theatralischen Auftritts als ehemaliger Kinderdarsteller schon einige Übung hatte, zu einer Rede an, in der er bekannt gab, vor diesem Herrn sein Gedicht nicht aufsagen zu wollen. Er verbeugte sich und trat zurück. Unmittelbar darauf verließ der von einem Grundschulkind blamierte Schober mit seinen Begleitern den Saal. Die Tür wurde krachend zugeschlagen und Fried trug sein Gedicht vor.[17] Er erntete großen Applaus.

SIEGESZUG DES FASCHISMUS

Als eifriger Zeitungsleser beobachtete der Schüler Erich Fried in den folgenden Jahren, wie sich die politische Lage immer weiter zuspitzte, bis es in Teilen des Landes zu bürgerkriegsähnlichen Auseinandersetzungen zwischen Arbeitern und der von rechtsgerichteten Kräften dominierten Staatsmacht kam. Im Jahr 1934 lauschte der Zwölfjährige gemeinsam mit dem Vater am Fenster der Wohnung in der Alserbachstraße den Maschinengewehrsalven und dem Kanonendonner der schweren Artillerie des Bundesheeres, als das von Bundeskanzler Engelbert Dollfuß angeführte autoritäre Regime die von linken Regimegegnern besetzten Arbeiterhäuser beschießen ließ. Seit diesem Zeitpunkt habe er gespürt, was Faschismus und Unterdrückung ist – und beide zu hassen gelernt, erinnerte sich Fried. Er hörte im Radio und las in der Zeitung, wie die unterlegenen Arbeiter geschmäht und Anführer wie Koloman Wallisch, Georg Weissl und Karl Münichreiter hingerichtet wurden. Er registrierte, dass man der Arbeiterbewegung den 1. Mai entwendete, um ihn zum Feiertag der ständestaatlichen Verfassung zu machen.[18] Das alles spielte sich ab vor dem Hintergrund eines auch von klerikalen Kreisen geschürten Antisemitismus, der »den Juden« vorwarf, Christus vor 2000 Jahren ans Kreuz genagelt zu haben. Das sei vom Katecheten in der Volksschule im Religionsunterricht noch verbreitet worden, sagte Fried in einem Gespräch.[19] In seinem Prosastück »Februar 1934« erinnert sich der Dichter, dass schon Jahre vor der Machtübernahme der Faschisten ein Heimwehrwahlaufruf mit kleinen Karikaturen geschmückt war, die »rote Bonzen« mit »enormen Judennasen« zeigten.

Die tödlichen Schüsse österreichischer Nazis auf Dollfuß während eines letztlich scheiternden Putschversuchs am 25. Juli 1934 kündigten schließlich an, dass die politische Lage für Linke, Juden und andere von Seiten der radikalen Rechten geschmähte Minderheiten noch viel schlimmer werden könnte, als sie ohnehin schon war. Auch im Schulalltag hinterließen die politischen Veränderungen merkliche Spuren. So wurde der gemeinsame Unterricht von Jungen und Mädchen, die Koedukation, mit einem Mal beendet. Der sozialdemokratische Schulleiter wurde abgesetzt und Fried war der letzte Klassensprecher, bevor diese demokratische Institution abgeschafft wurde. All das, erinnert sich Fried, habe auf die Schüler einen großen Eindruck gemacht, und es sei untereinander und mit den Lehrern viel diskutiert worden.[20]

Viele Pädagogen lehnten die neuen Regeln des Ständestaates ab – aus ganz unterschiedlichen Gründen: Während einige Lehrer Sozialdemokraten waren oder eine republikanische Gesinnung hatten, boykottierten andere die Regeln, weil sie den Nazis nahestanden. Das führte dazu, dass Erich zumindest inoffiziell gelegentlich nach wie vor die Interessen seiner Mitschüler vor den Lehrern zu Gehör bringen konnte. Mit sechzehn Jahren, zwischen dem 11. und 31. Oktober 1937, wie er auf dem Deckblatt des sich im Nachlass befindlichen Typoskripts notierte, schrieb er dann seinen ersten, nie veröffentlichten Roman: »Der Kulturstaat«.[21] Die utopische Geschichte handelt von drei zwischen 17 und 20 Jahre alten Jugendlichen, zwei Jungen und einem Mädchen, die wissen wollen, wie die Welt der Zukunft aussieht. Sie lassen sich in ewigem Eis auf der Halbinsel Kola einfrieren und nehmen spezielle Pillen, um in der Zukunft erneut aufwachen zu können. Nach 300 Jahren werden sie tatsächlich wieder zum Leben erweckt. Sie lernen, wie eine friedliche und klassenlose Weltgesellschaft ausschauen könnte, in der die Diskriminierung von Menschen aufgrund ihrer ›Rasse‹ oder ihres religiösen Glaubens der Vergangenheit angehört.[22] Allerdings ist auch der junge Fried zu dieser Zeit offenbar nicht frei von den damals in rechten wie in linken Zukunftsentwürfen beliebten Ideen der Menschenzüchtung. »Fortpflanzung erfolgt nur bei genetisch und gesundheitlich unbedenklichen Embryonen«, gibt die Literaturwissenschaftlerin Katrin Schäfer diese – insbesondere vor dem Hintergrund der späteren sogenannten »Euthanasie«-Verbrechen durch die Nationalsozialisten – bedenklichen Inhalte des Romans wieder: »Hier fällt das Stichwort Eugenik: kein minderwertiges Leben ist mehr möglich. Körperlich oder geistig Behinderte werden unfruchtbar gemacht, leben aber ansonsten wie alle anderen; Kinder, die bei der Geburt erkennbar schwachsinnig sind, werden durch ein schmerzloses Mittel getötet.«[23]

Als Adolf Hitler im März 1938 in Wien einmarschierte, war sich Fried, der die Entwicklung im nationalsozialistisch beherrschten Nachbarland seit 1933 aufmerksam verfolgte, längst darüber im Klaren, wie gefährlich die Lage für ihn und seine Angehörigen als Juden werden würde.[24] »1934, als die Arbeiterhäuser zerschossen wurden vom klerikal-faschistischen Regime Dollfuß; dann später das Attentat der Nazis auf Dollfuß, 1938 natürlich der Einmarsch – da wusste ich schon, was uns bevorstand«, so Fried im Gespräch mit dem Journalisten Hanjo Kesting.[25] Untätig mitansehen, wie die Nazis mit Andersdenkenden verfuhren, wollte er nicht. Unmittelbar nach dem Anschluss Österreichs an das Deutsche Reich gründete er mit einigen Schulkameraden, die wie er Kinder jüdischer Eltern waren, eine eigene Widerstandsgruppe. Die Jugendlichen tippten mit der Schreibmaschine antifaschistische Aufrufe und von Fried verfasste erbauliche Gedichte, die sie in zahlreichen Durchschlägen verbreiteten. Außerdem brachten sie jüdische Familien davon ab, sogenannte staatsgefährdende Literatur zu vernichten, die sie hätte belasten können. Stattdessen sammelten sie diese ein, um sie an die in ihren Augen weniger gefährdeten Sozialisten oder Kommunisten weiterzugeben.[26] »Dabei unterliefen uns«, erinnert sich Fried, »entsprechend unseren sehr lückenhaften Kenntnissen, auch einige kleine Fehler. Zum Beispiel brachten wir zu einer parteitreuen kommunistischen Familie eine ganze Anzahl Bücher von Leo Trotzki, die darin wahrscheinlich noch etwas rascher verbrannt wurden, als dies in den jüdischen Wohnungen der Fall gewesen wäre.«[27] Aus dem noch nicht achtzehnjährigen Utopisten war ein Widerstandskämpfer gegen die Nazi-Herrschaft geworden. Wären er oder seine jüdischen Mitschüler beim Verteilen der Flugblätter erwischt worden, so viel wusste er, hätte allein das sie ins Konzentrationslager bringen können.

MIT NAZIS REDEN

Über seine Jugendbegegnungen mit Nazis schreibt Erich Fried in seinem 1986 erschienenen Erzählband »Mitunter sogar lachen«.[1] Die verbale, zuweilen auch handfeste Auseinandersetzung mit dem faschistischen Gegner ist für den Schüler des Wasa-Gymnasiums in den dreißiger Jahren eine ganz alltägliche Erfahrung. Hin und wieder konnte es – wenn es gegen die Polizei ging – zwischen linken und nationalsozialistisch organisierten Jugendlichen in Ausnahmefällen auch zu Formen vorübergehender Kooperation kommen. Das hatte mit der besonderen politischen Situation in Österreich zu tun. Während der Zeit des Austrofaschismus, also in den Jahren, die mit der kurzen Regierung Dollfuß begannen und mit dem Anschluss Österreichs an das Deutsche Reich endeten, waren linke Organisationen und die Hitlerjugend glei chermaßen verboten. Legal war einzig und allein die »Vaterländische Front«, deren rot-weiß-rotes Abzeichen mit einem darauf abgebildeten Eichenlaubblatt und den Worten »Seid einig!« die Schüler tragen mussten. Die meisten taten das nur widerwillig.

GEMEINSAM VERBOTEN

Etwa die Hälfte seiner Klassenkameraden, erinnert sich Fried, gehörten zu dieser Zeit zur illegalen Hitlerjugend. Da man sich in der Ablehnung der Regierung einig war, klärten die Anhänger der entgegengesetzten Parteien ihre Meinungsverschiedenheiten untereinander. Begegneten sie einander zufällig beim Kleben von Plakaten, dann konnte es durchaus passieren, dass die jungen Nazis ihre linken Gegner vor einer nahenden Polizeistreife warnten. Dann hieß es: »Die Schmier kommt die Straße herauf.« Er habe sich »individuell zu Teilen mit ihnen recht gut vertragen«, teilte Fried dem Journalisten Hanjo Kesting mit. Durch seine vielen Gespräche mit Klassenkameraden, die der HJ angehörten, habe er »einen vielleicht etwas vielschichtigeren Zugang dazu, wie ein Schüler, der ein Nazi ist, aussieht. Der ist ja nicht nur ein Nazi, sondern auch ein Junge mit allen Problemen eines Schuljungen.«[2] Sie hätten miteinander gestritten, sich zuweilen sogar geprügelt, aber eines hätten sie nicht gemacht: den Gegner bei den Schulbehörden denunziert.

Wer mit Nazi-Mitschülern aufgewachsen war, habe erfahren, welchen Illusionen sich diese hingaben. Einer von ihnen, erinnert sich Fried in seinem Erzählband, wurde Poldi genannt. Der Junge wollte Offizier werden und versuchte schon als Schüler dem gerecht zu werden, was er für seine künftige Standesehre hielt: den Schutz von Schwächeren, die Verteidigung derer, die sich nicht wehren konnten. Der Junge galt als verlässlich und war beliebt, weil er sein Verhalten im Schulalltag tatsächlich am Prinzip der Ritterlichkeit ausrichtete. Er habe ihn damals vergeblich davon zu überzeugen versucht, dass weder die Wirklichkeit des Soldatenberufs noch die des Nationalsozialismus im Wesentlichen dem Schutz der Schwächeren dienten. Der Dichter konnte jedoch ein gewisses Verständnis dafür aufbringen, dass sich sein Mitschüler in der Zeit der Parteiverbote, als Nazis und Linke staatliche Repressionen fürchten mussten, in der Rolle des Hitlerjungen als eine Art Freiheitskämpfer und Vertreter der Sache der Unterdrückten fühlte. Wie widersprüchlich die Jungnazis, die er damals kannte, zuweilen agierten, verdeutlicht Fried in der Geschichte vom Hitlerjungen Papanek.

EIN VERLIEBTER HITLERJUNGE

In der Oberstufe hatte Fried einen Banknachbarn namens Herbert Papanek, der für ihn die Mathe-Hausaufgaben erledigte. Der spätere Berufsdichter revanchierte sich, indem er Liebeslyrik verfasste, mit deren Hilfe der lebenslustige und allseits beliebte Mitschüler das Herz seiner Freundin erobern wollte. Der Neunzehnjährige, ein begeistertes Mitglied der verbotenen Hitlerjugend, war heftig verknallt. Eigentlich hätte ihm das nicht passieren dürfen, denn Ruth gehörte der jüdischen Glaubensgemeinschaft an. »Aber damals«, erinnert sich Fried, »ehe Hitler nach Österreich kam und auch bei uns die Nürnberger Rassengesetze eingeführt wurden, die Liebesbeziehungen zwischen Juden und sogenannten Ariern verboten, trösteten sich unsere Nazi-Mitschüler, wenn ihre Neigungen mit der Rassentheorie in Konflikt kamen, noch mit dem alten österreichisch-schlampigen Antisemitenspruch: ›Jüdinnen sind keine Juden.‹«[3] Was den Hitlerjungen Papanek daher an erster Stelle störte, war nicht, dass seine Ruth eine Jüdin war, sondern dass er sie aus diesem Grund nicht heiraten konnte. Doch bald sollte sich das Blatt für das junge Paar auf gänzlich unerwartete Weise wenden. Als die deutschen Truppen schließlich in Österreich einmarschierten, sahen sich seine Eltern gezwungen, ihren Sprössling über jenen Teil der Familiengeschichte aufzuklären, den sie ihm bis dahin verheimlicht hatten. Sie seien zwar als Kinder katholisch getauft worden, stammten aber beide aus jüdischen Familien. »Das heißt, dass ich Ruth wirklich heiraten kann!«, teilte er Fried mit. Keine Zukunft war ihm hingegen in der Hitlerjugend beschieden, was dort allseits bedauert wurde. Bald schon wandte sich Bertel, der HJ-Führer der Schule, Rat suchend an Fried. Die beiden gingen ebenfalls seit Jahren in die gleiche Klasse, hatten denselben Schulweg und sich schon etliche Male über politische und weltanschauliche Fragen gestritten. Was sie denn nun mit dem Papanek machen sollten? Fried antwortete zynisch: Sie könnten ihn ja umbringen, das würde gut zu ihnen passen, und sie wären zudem das Problem los. Als ihm klar wurde, dass den Jungnazi eine echte Sorge um das Wohl seines ehemaligen Kameraden umzutreiben schien, wurde er konstruktiv und entgegnete Bertel: »Er wird natürlich emigrieren müssen, so wie ich und alle, die jetzt durch euch ihre Rechte und Zukunftsaussichten verlieren. Vielleicht wird er jetzt auch seine Ruth heiraten. Aber Geld haben seine Leute überhaupt keins. Vielleicht könnt ihr in der Hitlerjugend für ihn sammeln? Er war doch einer von euch.«[4]

Genau das, berichtet Fried, geschah dann tatsächlich. Bei der anschließenden Sammelaktion kam sogar deutlich mehr Geld zusammen, als ein Jude nach den Devisenvorschriften der Nazis ins Ausland hätte mitnehmen dürfen. Bertel soll schließlich sogar mitgeholfen haben, nach Wegen zu suchen, das Regularium durch die Mitnahme von unauffälligen, aber wertvollen und im Ausland gut verkäuflichen Gegenständen – beispielsweise Briefmarken – zu umgehen.

Der HJ-Chef hatte bei besagtem Gespräch aber noch ein weiteres Anliegen. Man wolle eine Abschiedsfeier für den während der schweren Verbotszeit so treuen Kameraden abhalten. Um ihn zu provozieren, schlug Fried vor, sie könnten ihr HJ-Lokal dann ja mit Papierketten schmücken, die immer abwechselnd ein Hakenkreuz und einen Davidstern zeigten. Aber das sei ja gerade die Scheiße, rief der Jungnazi aus, der den Sarkasmus in der Bemerkung seines Gegenübers überhaupt nicht bemerkt zu haben schien: Als Jude dürfe Papanek ihre Räumlichkeiten überhaupt nicht mehr betreten. »Die Sache«, schreibt Fried, »ging Bertel wirklich nahe, kein Argument, das ich im Lauf der letzten drei Jahre auf unserem Schulweg gegen die Rassentheorie vorgebracht hatte, schien je solchen Eindruck auf ihn gemacht zu haben wie jetzt der Fall Papenek.«[5] Auch diesmal wusste Fried Rat. Nahe bei der Roßauerkaserne gebe es in der Türkenstraße ein kleines Gasthaus, das noch nicht die Tafel »Jüdische Gäste unerwünscht!« trage.

Aus heutiger Sicht ist es kaum zu glauben, aber laut Frieds Schilderung fand die Zeremonie dort wirklich statt. Wie konnte es sein, dass überzeugte Jungnazis wenige Jahre vor dem Holocaust eine Feier für einen jüdischen Mitschüler gaben? Zum einen hat es immer wieder den Fall gegeben, dass auch hartgesottene Antisemiten zuweilen einen Unterschied machten zwischen dem Judentum als Kollektiv und ihnen persönlich bekannten Personen, in denen sie die berühmte Ausnahme von der Regel erkannt zu haben glaubten. Zum anderen war keineswegs ausnahmslos jeder Faschist – so antisemitisch eingestellt er auch sein mochte – tatsächlich auf die physische Vernichtung ausnahmslos aller Juden aus. Dieses Verbrechen wurde vom Regime erst 1941 beschlossen und dann unter dem beschönigenden Ausdruck »Endlösung« mit Hochdruck in die Tat umgesetzt. Schließlich saß zum Zeitpunkt des von Fried geschilderten Vorfalls das NS-Regime in Österreich noch nicht so fest im Sattel, dass die an der Feier beteiligten Hitlerjungen damit hätten rechnen müssen, im Falle des Auffliegens ihrer Aktion selbst schwersten Sanktionen ausgesetzt zu sein. Und wie ging es weiter mit Herbert und Ruth? Fried berichtet, dass sie dem Zugriff der Nazi-Schergen entfliehen konnten. Sie heirateten und wanderten wenig später nach Bolivien aus.

Wer verstehen will, warum der Dichter nie davor zurückscheute, mit alten und neuen Nazis zu reden, findet in Erfahrungen wie diesen eine erste Erklärung. Er lernte sie in seiner Jugend nicht nur als politische Feinde, sondern auch als ganz normale Mitschüler kennen. Vor diesem Hintergrund verbot sich eine Schwarz-weiß-Sicht von vornherein. »Ich muss nicht jeden hassen, der als junger Mensch auf die Nazis hereingefallen ist«,[6] bekennt er. Dabei machte sich schon der politisch hellwache Gymnasiast keine Illusionen darüber, dass eine Machtübernahme Hitlers in Österreich ihm und seinen Angehörigen keinen anderen Ausweg lassen würde, als die Heimat zu verlassen. Nur so, das wusste er schon damals, würden sie eine Zukunftsperspektive haben.

SIE NANNTEN IHN »HUMMEL«

Am Vormittag des 30. November 1982 stieg Michael Kühnen nach Verbüßung einer vierjährigen Haftstrafe wegen zahlreicher Straftaten der »Volksverhetzung, der Aufstachelung zum Rassenhass und der Gewaltverherrlichung«[1] in ein Taxi, das vor der Haftanstalt der niedersächsischen Stadt Celle auf ihn wartete, und ließ sich von dort aus nach Hamburg kutschieren, wo er den Pkw im Bereich des Hamburger Hauptbahnhofs vermutlich eineinhalb bis zwei Stunden später wieder verließ.[2] Etwa so lange dauerte die Autofahrt von der Provinzmetropole in die Hafenstadt. Dokumentiert wurde sie von der Staatssicherheit der DDR. Der Geheimdienst fand bald heraus, dass das Fahrzeug das Kennzeichen eines Dienstfahrzeugs des niedersächsischen Landesamtes für Verfassungsschutz trug. Seit den 1970er Jahren nahm die Stasi die rechtsradikalen Gruppen in der Bundesrepublik verstärkt ins Visier. Dem in Sachen Feindaufklärung ausgesprochen effektiv arbeitenden Geheimdienst des sozialistischen deutschen Staates war es vor allem darum zu tun, geplante Anschläge und andere als feindlich eingestufte Aktivitäten gegen die DDR und ihr politisches Personal sowie die innerdeutsche Grenze aufzudecken und zu vereiteln. Zudem sollten potenzielle Sympathisanten bundesdeutscher Neonazis auf dem eigenen Territorium zunächst erfasst und schließlich daran gehindert werden, sich politisch zu organisieren. Dass die mit geheimdienstlichen Methoden gewonnenen Informationen in der medialen Auseinandersetzung mit der Bundesrepublik gegebenenfalls propagandistisch ausgeschlachtet werden konnten, war ein nicht unerwünschter Nebeneffekt, aber nicht das Hauptziel der Aufklärungsarbeit.[3] In Kühnen, der wegen seines leicht pummeligen Aussehens in dem bereits Ende der siebziger Jahre angelegten Dossier den Decknamen »Hummel« trägt, sah man einen intellektuellen Drahtzieher des neonazistischen Untergrunds in der BRD. 1981 leitete die Stasi unter der Bezeichnung »Hansa« zusätzlich einen sogenannten operativen Vorgang gegen Kühnens »Aktionsfront Nationaler Sozialisten« ein. Die international vernetzte Gruppierung, davon war man nun überzeugt, sei »eine potenzielle Gefahr für die staatliche Sicherheit der DDR und ihrer Bürger«. Seit dieser Zeit war man im östlichen Teil Deutschlands über die Aktivitäten Kühnens bestens im Bilde.

BEGEISTERUNG FÜR DEN FASCHISMUS

Wie es dazu kam, dass der am 21. Juni 1955 geborene und als Einzelkind in einer katholischen Familie überwiegend in Bonn-Beuel und Düsseldorf aufgewachsene Kühnen bereits als Jugendlicher eine geradezu fanatische Begeisterung für den Nationalsozialismus entwickelte, ist schwer zu ergründen. Schon in den acht Jahren, die er bis zum Abitur das katholische Jungen-Internat »Collegium

Josephinum« besuchte, hatte er sich für die Ästhetik des Faschismus begeistert.[4] Als die zuvor bei Landtagswahlen erfolgreiche Parteineugründung NPD am 28. September 1969 bei der Bundestagswahl antrat, fieberte der Vierzehnjährige mit. Nachdem die Partei knapp an der Fünf-Prozent-Hürde gescheitert war und seine Eltern sich über seine politischen Favoriten abfällig geäußert hatten, verbrachte der Junge die halbe Nacht heulend auf seinem Zimmer. Am 21. Mai des folgenden Jahres reiste Willi Stoph, der Ministerpräsident der DDR, nach Kassel, um mit Bundeskanzler Willy Brandt Gespräche über die Normalisierung der deutsch-deutschen Beziehungen zu führen. Ein großer Teil des rechten Lagers empfand diese vorsichtige Annäherung als Verrat an dem in ihren Augen vordringlichsten Ziel: der Wiederherstellung der deutschen Einheit inklusive der Rückgewinnung der im Zuge des verlorenen Zweiten Weltkriegs erfolgten Gebiete. Die gegen den vermeintlichen Vaterlandsverräter Brandt gerichteten Massenproteste waren die Keimzelle für die Gründung einer Organisation, in der sich alte Nazis und Scharen junger Nationalisten zusammenfanden, denen die von der NPD offiziell vertretene Position als viel zu lasch erschien.[5] Auch Michael Kühnen schloss sich der am 4. Oktober 1970 in München gegründeten »Aktion Widerstand« an. Bei der Gründungskundgebung am 31. Oktober in Würzburg beobachtete er, wie die Teilnehmer den rechten Arm hoben und Daumen, Zeige- sowie Mittelfinger der rechten Hand zu einem »W« spreizten. Er übernahm diese Abwandlung des verbotenen »deutschen« oder Hitler-Grußes später in seine eigene Organisation und machte ihn auf diese Weise als »Kühnen-Gruß« erst richtig bekannt.

Als die »Aktion Widerstand« schon nach einigen Monaten wieder zerfiel, setzte er seine politischen Aktivitäten zunächst in der von dem ehemaligen bayerischen NPD-Landesvorsitzenden Siegfried Pöhlmann gegründeten »Aktion Neue Rechte« fort. Zwischen seinem vierzehnten und neunzehnten Lebensjahr stand Kühnen beinahe jeden Nachmittag auf dem Bonner Marktplatz, um die *Deutschen Nachrichten* – die damalige Parteizeitung der NPD – an die Passanten zu verkaufen. Trotz seiner offen zur Schau getragenen Gesinnung wurde der rhetorisch ausgesprochen begabte Gymnasiast im Jahr 1973 zum Schülersprecher gewählt. Er hatte ein einnehmendes Wesen und pflegte den Austausch mit politisch Andersdenkenden. Berührungsängste mit politischen Gegnern kannte er nicht.

Im April 1973 stürmten maoistische Aktivisten von der KPD/ML, einem der vielen dogmatischen Spaltprodukte der nur wenige Jahre zurückliegenden Achtundsechziger-Revolte, das Bonner Rathaus und hängten ihre roten Fahnen aus den Fenstern. Kühnen war von dieser Art Aktivismus überaus beeindruckt. Er wurde Mitglied in der maoistischen »Liga gegen den Imperialismus« und übte als solches etwa ein Jahr lang den Schulterschluss mit der radikalen Linken. Doch bald gewann seine Bewunderung für den italienischen Faschistenführer Benito Mussolini die Oberhand, und er fand ins Lager der extremen Rechten zurück.

Nach dem Abitur am 1. Juli 1974 trat Kühnen den Dienst bei einem Jägerbataillon der Bundeswehr in Hamburg an. Er verpflichtete sich für zwölf Jahre und absolvierte den Offizierslehrgang an der Kampftruppenschule I in Hammelburg als Jahrgangsbester. Er erwarb das Leutnants-Patent und absolvierte eine Ausbildung zum Einzelkämpfer. Parallel zu seiner Soldatenkarriere baute er seit 1977 den »SA-Sturm 8. Mai« auf. Dabei handelte es sich um eine Untergrund-Zelle der fünf Jahre zuvor von dem US-amerikanischen Holocaustleugner Gary Rex Lauck in Lincoln (Nebraska) gegründeten Nationalsozialistischen Deutschen Arbeiterpartei/Auslands- und Aufbauorganisation (NSDAP/AO). Die heute noch existierende Organisation trat für die Aufhebung des Parteiverbots ein und versuchte so den ersten Schritt auf dem Weg zu einer Wiedererrichtung der Nazi-Diktatur zu machen.

DIE SS ALS SÜNDENBOCK

Kühnen identifizierte sich nicht mit der SS, sondern mit der SA, deren Führung am 30. Juni 1934 im Zuge der vorgeblichen Niederschlagung eines von ihrem Chef Ernst Röhm angeblich angezettelten Putschversuches gegen die Regierung Adolf Hitlers auf dessen Befehl und auf Betreiben der SS liquidiert worden war. Die Tragik lag in den Augen Kühnens darin, dass, wie er am 30. Januar 1985 in einem Brief an Erich Fried schrieb, letztere dadurch so viel Macht gewann, »dass das Scheitern ihrer dogmatischen Ideologie und Praxis den Nationalsozialismus mit in den machtpolitischen und zunächst auch geistigen Untergang riss«. Mit der »Endlösung«, dem Begriff »ostischer Untermensch und Kriegsverbrecher«, so bog er sich die Geschichte zurecht, habe der Nationalsozialismus letztlich rein gar nichts zu tun gehabt.[6] Stattdessen machte er die SS für alles verantwortlich, was in seinen Augen im faschistischen Staat schiefgelaufen war.

Er warf der 1925 von Hitler als persönliche Leibgarde gegründeten Organisation vor, dogmatisch gewesen und einer der Wirklichkeit aufgepfropften Ideologie gefolgt zu sein, die der in seinen Augen guten, vermeintlich dem Leben selbst abgelesenen Weltanschauung des Nationalsozialismus zuwider gelaufen sei.[7] Während dieser die »Vielfalt und Unterschiedlichkeit«[8] der Völker anerkannt habe, so seine eigenwillige Sichtweise, sei es einzig und allein die SS gewesen, welche die »Slawen als Untermenschen« abwertete. Das lehnte er als dogmatische Position ab.

VEREHRUNG ADOLF HITLERS

Die fanatische Bewunderung, die Kühnen zeit seines Lebens für den »Führer« hegte, trägt Züge eines religiösen Wahnsystems. Er war es, der in seinen Augen der einzigen richtigen Weltauffassung – sprich der nationalsozialistischen – den ihr gebührenden Raum verschafft hatte. Die Erfüllung dieser Aufgabe entschuldige alle Fehler, die er sonst gemacht habe. In realpolitischer Hinsicht hatte Kühnen einiges an Hitler auszusetzen. Spätestens seit 1934 seien nahezu alle von ihm als handelndem Staatsmann getroffenen grundsätzlichen Entscheidungen falsch gewesen: »Innenpolitisch das Bündnis mit der Reaktion, währungspolitisch und wirtschaftspolitisch die Weiterexistenz von Zinswirtschaft und kapitalistischen Ordnungsprinzipien, verfassungspolitisch das Regieren mit dem ständigen Ausnahmezustand, militärpolitisch der Verzicht auf die Schaffung einer Volksmiliz und einer Revolutionsarmee, außenpolitisch die Beeinflussung von Auffassungen des national-reaktionären deutschen Imperialismus mit den Konsequenzen der Bewunderung für das Britische Weltreich und Bündnisversuche mit diesem, Distanz zu den Freiheitsbewegungen der Kolonialvölker (Araber und Inder zum Beispiel), Frontstellung gegen den Osten d. h. die selbstgewählte Aufgabe als Kettenhund des Westimperialismus gegen den Kommunismus [...]«[9]

Doch obwohl er diese seiner Ansicht nach zentralen Weichenstellungen des »Führers« ablehnte, tat dies seiner Verehrung desselben überhaupt keinen Abbruch. Kühnen begriff den Nationalsozialismus nicht als ein Überzeugungssystem wie jedes andere, sondern als eine getreue Abbildung der in der Natur vorfindlichen Gesetzlichkeit, also gewissermaßen der Wahrheit selbst. Als solcher war der Nationalsozialismus jenes Dogma, an das er unerschütterlich glaubte. Die prinzipielle Richtigkeit dieser Ideologie stand für ihn nicht zur Diskussion – sie war nicht verhandelbar. Aus dem Bereich, über den sich Argumente vernünftigerweise austauschen ließen, klammerte er sie kurzerhand aus. Er bleibe davon überzeugt, schreibt er, »dass qua definitionem keine Lebenswirklichkeit den Nationalsozialismus widerlegen kann, weil er sich ja nur aus dieser Lebenswirklichkeit herleitet«. Adolf Hitler wiederum war für ihn jener Ausnahmemensch, der dieser »Wahrheit« erst den ihr gebührenden Raum in der politischen Welt verschafft habe. Kühnen verehrte ihn als eine politische Erlöserfigur mit messianischen Zügen, hinter deren welthistorischen Verdiensten konkrete politische Fehlentscheidungen – so verheerend ihre Auswirkungen für Abermillionen von Menschen am Ende auch gewesen sein mögen – offenbar nicht allzu sehr ins Gewicht fallen. Was die Gestalt Adolf Hitlers betrifft, zeigte sich der zweifellos hochintelligente Kühnen nicht als ein kühl kalkulierender politischer Kopf, sondern als ein irrationaler Schwärmer bar jeden politischen Maßstabs, der seinen moralischen Kompass offenbar schon früh verloren hatte.

BRAUNER AKTIONISMUS

Den Entschluss, der illegalen NSDAP/AO beizutreten, fasste Kühnen nach eigenem Bekunden im Anschluss an eine Kundgebung der Jungen Nationaldemokraten (JN), die im März 1977 am Vorabend eines NPD-Bundesparteitags in Hannover stattfand. Als sich die Teilnehmer in der Dämmerung zu einem Fackelzug formierten, rief irgendjemand »AO nach hinten!«. Deren Mitglieder waren in unabhängigen Zellen organisiert, die voneinander nichts wussten. Nun reihten sie sich ein, und die Jungfaschisten stellten mit einem Mal fest, wie viele sie waren: mehr als ein Drittel des gesamten Demonstrationszuges. Kühnen war schwer beeindruckt. Mit seinen Kameraden klebte er nun Plakate der »AO« in der Hamburger City. Das illegale Propagandamaterial hielt er in seiner Kaserne versteckt. Zu dieser Zeit wohnte er im Stadtteil Pinneberg bei einer alten Dame. Sie gehörte einem kleinen Kreis von Frauen in der Hansestadt an, die dem in ihrer Jugend untergegangenen Nazi-Regime nach wie vor die Treue hielten. Bei den braunen Damen aus bürgerlichem Hause war Kühnen auch wegen seiner in den damaligen Neonazikreisen nicht unbedingt selbstverständlichen höflichen Umgangsformen beliebt. Das war ein junger

Mann, den man sich wegen seiner guten Kinderstube als Schwiegersohn hätte vorstellen können. Als man das von ihm in der Kaserne deponierte Propagandamaterial fand, wurde er zum 1. September 1977 nach §55 Absatz 5 des Soldatengesetzes wegen »Verletzung der Dienstpflicht und Gefährdung des Ansehens der Bundeswehr« unehrenhaft aus der Bundeswehr entlassen.

Der seiner gesicherten bürgerlichen Existenz beraubte Neonazi – er lebte von Geldgeschenken, die ihm Förderer sowie seine ihm sehr zugetane Großmutter zukommen ließen – gründete bereits am 26. November desselben Jahres die »Aktionsfront Nationaler Sozialisten« als legale Organisation in Hamburg. Das Kampfprogramm seiner Truppe enthielt nur drei Punkte: Aufhebung des NSDAP-Verbots, Kampf dem Kommunismus und Baustopp für alle Kernkraftwerke. Kühnens Kleidung bestand damals aus braunen oder schwarzen Hemden mit ebensolchen Krawatten, einer schwarzen Lederjacke, schwarzen Hosen und schwarzen Stiefeln. Er und seine Leute machten bald durch provokative Aktionen von sich reden, zu denen sie von Anfang an Medien-Vertreter einluden. Im Mai 1978 zogen Kühnen und sein enger Mitstreiter Christian Worch mit einigen Kameraden durch die Hamburger Innenstadt. Sie trugen selbstgebastelte Eselsköpfe und hatten sich Schilder umgehängt, auf denen stand: »Ich Esel glaube, dass in deutschen KZs Juden vergast wurden.« Mit dieser Aktion machte Kühnen seine Truppe schlagartig bekannt.

Der Neonazi war mit zunehmendem Erfolg beharrlich darum bemüht, in den Fokus der öffentlichen Aufmerksamkeit zu gelangen. Mit provokativen Auftritten – so kleidete er sich und seine Getreuen mit Kalkül in Kostürne, die an SA-Uniformen erinnern sollten – und mittels einer professionellen Pressearbeit schaffte er es ein ums andere Mal in viel gelesene Zeitschriften und auf den Fernsehbildschirm. Das war wohlgemerkt noch vor der Einführung des Privatfernsehens und Jahrzehnte vor dem Siegeszug des Internets. Durch diese TV-Präsenz erreichte er für sich, seine politischen Anliegen und die winzigen radikalen Gruppierungen, die er gründete und anführte, eine unverhältnismäßig große Publizität. Binnen kürzester Zeit wurde aus dem redegewandten, aber unbekannten Rechtsradikalen, dem Kostüm-Nazi mit ehrgeizigen politischen Zielen, fast so etwas wie eine Figur des öffentlichen Lebens. Bald war er Deutschlands bekanntester Neonazi.

EINE UNGEWÖHNLICHE WIDMUNG

In den siebziger und in den achtziger Jahren füllte Erich Fried mit seinen Lesungen große Säle, die Tausende von Menschen fassten. Die Gespräche verstummten, wenn der auf einen Stock gestützte Dichter mit schwerer, dunkler Brille und einer Ledertasche oder einer Plastiktüte voller Bücher und Manuskripte die Bühne betrat.[1] Man las damals Frieds politische Gedichte nicht nur, man bekannte sich zu ihnen und ahmte ihren mit ein wenig Übung leicht zu imitierenden Duktus nach.[2] Das jugendliche Publikum verehrte ihn zuweilen wie einen Rockstar. Dabei ist er mit seiner kleinen, rundlichen Gestalt und der angeborenen Bewegungsstörung auf den ersten Blick wenig attraktiv. Seine Frau Catherine, die ihn um Längen überragte, verglich ihn mit einem »jener Spielzeugmännchen, die herumwackeln und sich, wenn man sie hinlegt, gleich wieder aufrichten«.[3] Das klingt wenig schmeichelhaft, steht aber im Kontext eines liebevollen Rückblicks auf ihre Beziehung zu dem Dichter. Dass er auf viele Menschen – insbesondere auch Frauen – anziehend wirkte, hatte mit anderen Vorzügen zu tun: seiner tiefen, wohlklingenden Stimme, seiner Fähigkeit sich anderen Menschen zuzuwenden und ihnen in diesem

Moment das Gefühl zu geben, ganz für sie da zu sein. Es ist verblüffend, wie sehr sich Fried im Gespräch in Mimik, Gestik und Tonfall auf sein jeweiliges Gegenüber einlassen konnte.

Was den Knaben der »Wunderkinderzeit« zuweilen altklug hatte ausschauen lassen, seine enorm selbstsichere und zugleich auf Applaus der Anwesenden zielende Art, verlieh dem gealterten Mann etwas sympathisch Bubenhaftes.[4] Er sparte auch nicht mit Lob für andere und machte es sich zur Angewohnheit, seine Gedichte hin und wieder Personen zu widmen, die ihm etwas bedeuteten – bekannten ebenso wie weniger bekannten.

DER ZWEITE TEIL DER SEELE

Die 1987 publizierte Ausgabe des in Wagenbachs Taschenbücherei erschienenen Auswahlbandes »Vorübungen für Wunder. Gedichte vom Zorn und von der Liebe« enthält insgesamt neun Texte, die von Erich Fried mit einer solchen Zueignung versehen worden waren. Die des ersten, »Ça ira«, gilt seinem Kollegen Peter Weiss, dem Autor der »Ermittlung«, des »Viet Nam Diskurs« und der »Ästhetik des Widerstands«. Auch die Adressaten der meisten anderen Widmungen sind leicht zu identifizieren. Schon im Titel ersichtlich, verbeugt sich das Gedicht »Für Rudi Dutschke« vor dem Anführer der Studentenrevolte. Mit »Krank« drückt der Dichter seine Wertschätzung für David Cooper aus, dem Vordenker der Anti-Psychiatrie-Bewegung. Dem Theologen Helmut Gollwitzer widmet er das Gedicht »Weltfremd«. Mit zwei weiteren, »Eine Kleinigkeit« sowie »Nach fünfzehn

Jahren Ehe«, verneigt er sich vor der geliebten Ehefrau Catherine. »Missverständnis zweier Surrealisten« ist der Lyrikerin Katja Hajek, das Gedicht »Deutsche Worte vom Meer« wiederum Christoph Hübner gewidmet, einem Dichter, der die Erinnerung an die Nazi-Verbrechen in den Mittelpunkt seiner Arbeit gestellt hatte. Die Zueignung des neunten Gedichtes, »… um Klarheit …« unterscheidet sich insofern von den bisher genannten, als Fried den Namen der geehrten Person hier verschlüsselt, indem er lediglich die Anfangsbuchstaben ihres Vor- und des Nachnamens notiert: »für M. K.«. Die Initialen stehen für Michael Kühnen. Allerdings lässt sich diese Verknüpfung aus dem Kürzel allein nicht zweifelsfrei erschließen. Auch der Inhalt der Verse lässt keinen eindeutigen Rückschluss auf den Neonazi zu. In ihnen legt der Dichter zwar nahe, dass Hoffnung und Wahrheit »vielleicht auch aus denen leuchten« können, »die irren/verwirrt von der Zeit/die aber den Blick ins Weite/und ihren Hunger nach Schönheit/und ihre Liebe/nicht ganz von sich abgetan haben/[…]/auch als Gejagte/auch als Gefangene nicht«. Dass Erich Fried bei den irrenden Idealisten, die er hier beschreibt, an den Neonazi gedacht hat, ist zwar kein abwegiger Gedanke, wenn man weiß, welches Bild sich Fried von Kühnens Charakter gemacht hatte – immerhin wollte er für diesen als Leumundszeuge vor Gericht aussagen. Zwingend ist er damit aber noch nicht. Das Indiz reicht jedenfalls noch nicht aus, um das Namenskürzel zweifelsfrei zu dechiffrieren.

Woher können wir also wissen, dass sich hinter den von Fried verwendeten Initialen tatsächlich Michael Kühnen verbirgt? Die Antwort ist denkbar einfach: Fried hat seinen im Gefängnis sitzenden Briefpartner ausdrücklich davon in Kenntnis gesetzt. Am 1. Juli 1987 schreibt er ihm: »Kannst du vom Klaus Wagenbach Verlag [...] Gefängnisbewilligung anfordern für den Gedichtband VORÜBUNGEN FÜR WUNDER, von Erich Fried. Darin steht das Gedicht um Klarheit mit Widmung für M. K.«[5] Bereits mehr als zwei Jahre zuvor, vermutlich Anfang 1985, heißt es in einem undatierten Brief des Dichters an Kühnen, es handele sich um eines von zwei Gedichten, zu denen er durch diesen »angeregt« worden sei. Das Gedicht ziele auf das, was »in einer Auffassung groß und schön und edel ist«.[6] Mitgemeint sei der »zweite Teil der Seele des Michael Kühnen«, die zum Ausdruck komme, wenn dieser abseits von Zweck-Mittel-Kalkülen »eine große Vision«, eine seiner Hoffnungen zu Papier bringe. Und zwar unabhängig davon, ob Fried diese »für in dieser Form erfüllbar oder für einen Irrtum« halte.

NACHTRÄGLICH EINGEFÜGT

Die Überschrift des Gedichts ist ein Zitat. Die beiden Worte, erläutert Fried seinem Briefpartner, »finden sich eingeschoben in einige der Fassungen des großen Gedichtes PATMOS von Hölderlin, den ich über alles liebe. Auch zwei, drei andere Zeilen klingen an Patmos oder seine Entwürfe an Patmos an.« Offensichtlich möchte er auch Kühnen für die Lektüre des von ihm verehrten Lyrikers begeistern: »Vielleicht hat's auch bei euch in der Bibliothek Hölderlins Gedichte. Nicht die frühen, gereimten, sind mir lieb, sondern die späteren, und natürlich sein Hyperion.« Frieds Brief schließt mit den Worten: »Ich hoffe, dieses Gedicht macht dir ein wenig Freude!

Einstweilen alles, alles Gute für Dich!« Dass sich Fried von seiner ungewöhnlichen Begegnung mit dem Neonazi Kühnen für seine Arbeit als Schriftsteller hat inspirieren lassen, muss nicht überraschen. Das, was ihn bewegte, fand unweigerlich Eingang in seine Gedichte.

Er legte in Sachen Vers-Produktion eine ungeheure Produktivität an den Tag. Einmal, erinnert sich seine Frau Catherine, habe sie morgens in seinem Arbeitszimmer nach ihm geschaut, weil er ihr sonst zu dieser Zeit gerne eine Tasse Tee brachte. Da habe er sie fröhlich angegrinst und ihr von den sechzehn Gedichten erzählt, die er schon verfasst habe. Der Austausch mit Kühnen muss eine so radikale und herausfordernde Erfahrung gewesen sein, dass es ungewöhnlich wäre, hätte sie keinen Niederschlag in seinen Texten gefunden. Keineswegs selbstverständlich ist allerdings, dass er dem Neonazi auch noch eines seiner Werke widmete. Erstaunlich ist zudem, dass die Zueignung nicht in allen Bänden, die das Gedicht »... um Klarheit ...« enthalten, überhaupt vorhanden ist. Nicht abgedruckt wurde sie beispielsweise in Erich Frieds »Gesammelten Werken«, der heute maßgeblichen Ausgabe seiner Schriften.

Viele von denen, die das Gedicht kennen und schätzen, werden von der Widmung daher gar nichts mitbekommen haben. War diese dem Verlag im Nachhinein so unangenehm, dass man sie nach dem Tod des Dichters stillschweigend entfernte? Auf eine Anfrage hin teilte der Herausgeber Volker Kaukoreit mir Ende Februar 2019 per E-Mail mit, dass ihm das mit der Widmung nicht bewusst gewesen sei. Die gesammelten Werke folgten im Druck dem Band »Um Klarheit« von 1985, in dem Fried das Gedicht ohne Widmung veröffentlicht habe. Erst durch die Nachfrage sei er darauf aufmerksam geworden; der Dichter habe die Widmung in seinem Auswahlband »Vorübungen für Wunder« wohl erst nachträglich eingefügt.

Auch in dem 1986 im Wiener Europaverlag erschienenen Buch »Die da reden gegen Vernichtung. Psychologie, bildende Kunst und Dichtung gegen den Krieg« – mit Arbeiten von Erich Fried, dem Bildhauer Alfred Hrdlicka und dem Psychologen Erwin Ringel – fehlt der Bezug auf Kühnen. Warum das so ist, darüber kann beim derzeitigen Wissensstand nur spekuliert werden. Möglicherweise hatte Fried von Anfang an darüber nachgedacht, das von dem Neonazi inspirierte Gedicht diesem auch zu widmen, war bei der Erstveröffentlichung aber davon abgekommen, um erwartbare Irritationen seiner Leser zu vermeiden. Nicht auszuschließen ist, dass Fried die Initialen deshalb verwendete, um etwaigen Auseinandersetzungen mit seinem Verlag aus dem Weg zu gehen, der sich einer Würdigung Michael Kühnens hätte verweigern können. Denkbar ist auch, dass es im Verlag genau darüber Diskussionen gab, die hinterher zu dem uns heute bekannten Ergebnis führten. Die Verwendung des Namenskürzels »M. K.« in »Vorübungen für Wunder« mag eventuell so etwas wie ein Kompromiss gewesen sein. Ohne Zusatzinformationen ist diese anonymisierte Form der Widmung jedenfalls nicht leicht zu entschlüsseln.

EIN PRIVATER AUSTAUSCH

Neben der Abwendung des erwartbaren Skandals mag noch ein anderer Gesichtspunkt bei der Verschlüsselung eine Rolle gespielt haben. Zwar hat Fried seinen Freunden, Bekannten und auch der Öffentlichkeit nicht verheimlicht, dass er sich mit dem Neonazi ausgetauscht hat. Gelegentlich sprach er in Interviews darüber. Wie sehr ihn diese sich über mehrere Jahre erstreckende Begegnung beeindruckt hat und wie groß die emotionale Nähe war, die zwischen ihm und dem Neonazi dabei entstand, war jedoch nicht für die Öffentlichkeit bestimmt. Ihr Briefwechsel war – auch wenn in ihm eminent wichtige politische und moralische Fragen behandelt wurden und Fried auch öffentlich die Ansicht vertrat, dass man mit einem Faschisten diskutieren sollte – privater Natur. Daher musste er sich nicht gegen vorhersehbare Kritik aus dem eigenen Milieu absichern.

Im Falle einer öffentlichen Debatte mit dem Neonazi, so lässt sich vermuten, hätte er vielleicht in der einen oder anderen Formulierung eine größere Distanz gewahrt. Bei einem öffentlich ausgetragenen Schlagabtausch wäre es ja auch weniger darum gegangen, den Kontrahenten zu überzeugen, als das Publikum auf die eigene Seite zu ziehen. Der weitgehend private Charakter ihres Verhältnisses könnte sich also in der Verwendung des Namenskürzels auf adäquate Weise widergespiegelt haben. Sie ermöglichte es Fried, Kühnen gegenüber seine große persönliche Wertschätzung zum Ausdruck zu bringen, ohne das Risiko einzugehen, seine Leserschaft dadurch zu verstören.

DEN FEIND VERSTEHEN: DER FALL IRMGARD GRESE

Während seiner Haftzeit in Celle verfasste Michael Kühnen die Propaganda-Schrift »Die zweite Revolution. Glaube und Kampf«. Ob er wusste, dass auch die KZ-Aufseherin Irmgard Grese hier zwei Monate einsaß, als ihr im Herbst 1945 der Prozess gemacht wurde? Die bis zum Ende uneinsichtige Täterin wurde unter der Gerichtsbarkeit der britischen Besatzungsmacht zum Tode durch den Strang verurteilt und mit nur 22 Jahren im Zuchthaus Hameln gehängt. Ihr Fall inspirierte Erich Fried zu seinem Roman »Ein Soldat und ein Mädchen«, einer Arbeit, die ihm – ausgenommen einige Gedichte – »mehr als irgendeine« bedeutet, wie er im Nachwort schreibt.[1]

Irmgard Grese war das Kind einer Landarbeiterfamilie. Mit fünfzehn Jahren wurde sie Hilfskrankenschwester im SS-Krankenhaus Hochenlychen. Sie ließ sich 1942 im Konzentrationslager Ravensbrück zur SS-Aufseherin ausbilden und erwarb sich später in Auschwitz-Birkenau und Bergen-Belsen den Ruf, die Gefangenen auf besonders grausame Weise zu misshandeln.[2] Für die internationale Presse war ihr Fall ein gefundenes Fressen, denn die mit

Fotografien geschmückte Geschichte der im Lager von den Gefangenen wegen ihres attraktiven Äußeren als »Engel« titulierten Wärterin ließ sich gut vermarkten: Die Kombination von außergewöhnlicher Schönheit und bestialischer Grausamkeit erfüllte die voyeuristischen Bedürfnisse der Leserschaft. Obwohl sie keineswegs zu den Hauptangeklagten gehörte, rückte die junge Frau auf diese Weise in den Mittelpunkt der Berichterstattung.[3]

»Der englische Richter Stirling betonte in seiner Schlussansprache die Tatsache, dass Grese schon im Alter von fünfzehn Jahren gegen den Willen ihrer tiefreligiösen Eltern dem BDM beigetreten sei und dass dies die ganze Verderbtheit und Verworfenheit ihres Charakters zeige.«[4] Eine solche Beweisführung konnte jemand wie Fried nicht für überzeugend halten. War die Rebellion der Heranwachsenden gegen das Elternhaus nicht ein nachvollziehbarer Impuls? Konnte ihr Beitritt zum Bund deutscher Mädel nicht eher als fehlgeleiteter Versuch eines bereits als Schulkind im faschistischen Sinne ideologisch indoktrinierten jungen Menschen verstanden werden, der Enge der häuslichen Verhältnisse zu entfliehen? Eine solche Sicht hätte die von ihr begangenen Verbrechen nicht entschuldigt, sie aber nicht als Ausdruck einer von vornherein vorhandenen Verderbtheit, einer Neigung zum Bösen missverstanden. Was Erich Fried an dem Fall der jungen Frau besonders faszinierte, »war ihre Weigerung, ihre Haut zu retten, indem sie Reue heuchelte und versuchte, ihre Treue zur Partei zu entschuldigen«.[5]

DER TODESENGEL VON AUSCHWITZ

Die Arbeit an dem Roman wurde für den Schriftsteller zum Ausgangspunkt einer tiefgehenden Auseinandersetzung mit Fragen der individuellen und kollektiven Verantwortung für die Nazi-Verbrechen. Was bringt einen jungen Menschen dazu, Gewalt auszuüben? Darf so jemand vollständig auf die von ihm begangenen Verbrechen reduziert werden? Muss nicht – gerade im Hinblick auf noch sehr junge Täter – mit einer besonderen Verführbarkeit und zugleich mit einer noch besonders ausgeprägten Lernfähigkeit auch und vielleicht gerade von ideologisch verirrten Überzeugungstätern gerechnet werden? Sind also hohe Strafen – gegen die Todesstrafe war Fried ohnehin stets eingetreten – das geeignete Mittel in der Auseinandersetzung mit den Anhängern einer Ideologie, mag sie auch so mörderische Züge tragen wie der Nationalsozialismus?

Die Fabel des Romans ist schnell erzählt. Der Soldat, ein aus Deutschland in die USA emigrierter Jude, bewacht die ehemalige KZ-Aufseherin in ihrem Kerker. Da diese sich weigert, ihre Taten zu bereuen, wird sie zum Tode verurteilt. Als sie nach ihrem letzten Begehr gefragt wird, nimmt sie den im selben Raum postierten Wachsoldaten wahr und äußert provokativ einen unerfüllbaren Wunsch. Sie wolle die Nacht mit diesem verbringen. Auf den Soldaten macht das schöne Mädchen Helga in diesem Moment einen so großen Eindruck, dass er sich unbemerkt Zugang zu ihrer Zelle verschafft, und die beiden schlafen tatsächlich miteinander. Er verliebt sich in die Gefangene und scheitert schließlich bei dem Versuch, die Hinrichtung doch noch abzuwenden.

Diese Geschichte, im Buch »Ein Bericht« genannt,

macht den kleineren Teil des Textes aus. Der Hauptteil setzt sich aus parabelartigen kleinen Erzählungen, Notaten von Traumsequenzen, Gedichten und Reflexionen zusammen, mit denen der Soldat das Geschehene – seine mit den faschistischen Verbrechen und ihren Folgen verbundene Liebesgeschichte – unter großen Qualen zu deuten und dabei nicht dem Wahnsinn anheimzufallen versucht. Diese Aufzeichnungen überlässt er dem Erzähler, der sie wiederum aus seiner Perspektive kommentiert. Der Roman hinterfragt die Kriterien, nach denen seine junge Protagonistin, die nie ein anderes System als das Nazi-Regime bewusst erlebt hat, vom Gericht verurteilt wird. Diesem erscheint sie als Unverbesserliche, da sie »im Verhandlungssaal mehrmals mit dem Gruß des abgetanen Regimes« auftritt und unbewegt erklärt, sie bedaure ihr Tun »nicht im mindesten«. Der Erzähler schlägt eine andere Deutung vor. Derart trotzige Bekenntnisse seien »oft nur eine letzte dünne Wand [...], hinter der mehr echtes Entsetzen, Schuldgefühl und Verzweiflung aufgespeichert sein kann als bei den meisten bereitwillig Zerknirschten«.[6] Die »Rache an einigen jungen und törichten Menschen, die in untergeordneter Stellung die Schmutzarbeit des Dritten Reiches verrichten halfen«,[7] bietet in seinen Augen keinen Ausweg aus der Verstrickung in das Mord-Regime. Der Soldat schreibt an den Erzähler: »Solche Urteile waren nach den furchtbaren Greueln, die geschehen waren, unvermeidlich und sehr verständlich. Aber ob das Unrecht, das trotz allem darin lag, die ›verlorenen Kinder‹ zu töten, nicht späterhin den eigentlichen Schuldigen zugutekommt, die dahinterstanden, die sie systematisch zu Ungeheuern ausbildeten, nachher aber oft schlau genug waren, dem ersten Vergeltungshunger zu entgehen?«[8] Man denke an die Nachkriegskarrieren von Schreibtischtätern wie Hans Globke, der sich im Nationalsozialismus als Mitverfasser und Kommentator der Nürnberger Rassengesetze hervortat und dann unter Konrad Adenauer der Chef des Bundeskanzleramts wurde. Nach dem Anhören der langen Berichte des Soldaten ist der Erzähler schließlich überzeugt, dass Helga sich von ihrer früheren Gesinnung verabschiedet hat.[9]

Was ist von all dem zu halten? Man kann »Ein Soldat und ein Mädchen« als Frieds literarischen Versuch verstehen, sich dem Feind von der anderen Seite her anzunähern, den Menschen in ihm zu erkennen, um die Gründe besser zu verstehen, die ihn seine üblen Taten haben begehen lassen. »Wenn wir überhaupt mitfühlen und mitdenken wollen«, davon ist der Autor überzeugt, »müssen wir uns – auch weit abseits aller verschlüsselten Selbstbiographie – mit Fremden und mit Feinden identifizieren.«[10] Dabei leitete ihn ein Humanismus, der »auch im letzten SS-Mann oder stalinistischen NKWD-Offizier immer noch den Menschen »sucht, auch wenn dieser selbst sich bemüht hat, die Spuren seines Menschentums zu verwischen.«[11] Fried richtete sich somit gegen eine selbstgerechte Gesellschaft, die Menschen in starre Schablonen presste und glaubte, der Frage der individuellen Mitschuld zu entgehen, indem sie sich der offensichtlichen Täter entledigte. Er war »gegen die Todesstrafe, gegen billigen, leichtfertigen Hass, gegen die unpsychologische Einordnung von Menschen in Scheinkategorien, gegen alle anerkannten Schranken zwischen verschiedenen Gruppen«.[12]

Fried trat für eine gründliche Auseinandersetzung mit den Gründen ein, die zur Errichtung des Schreckensregimes der Nazis geführt hatten. Nichts lag ihm ferner als – wie es schon bald nach dessen Ende in der Bundesrepublik immer wieder gefordert wurde – einen Schlussstrich unter diese Zeit zu ziehen. Aber er warnte davor, den für die damaligen Verbrechen verantwortlichen Deutschen nun ihrerseits vor allem mit Hass zu begegnen. »In den Stimmen von außen, die in den Hungerjahren von Deutschland Einkehr und Abrechnung mit der Vergangenheit forderten, klang oft Feindschaft und Verachtung mit. Das ist verständlich, das konnte kaum anders sein, und doch verhinderten diese Feindschaft und diese Verachtung die Bewältigung der Aufgabe, mehr noch als der Hunger.«[13] Er sei dringend dafür, betont Fried, »dass die Menschen Schuld und Mitschuld auf sich nehmen lernen, die sich aus unseren verschiedenen geschichtlichen Zusammenrottungen ergeben. Dies ist ein Grundthema des Buches. Die Verdrängung solcher Komplexe kann früher oder später Vergiftungserscheinungen hervorrufen. Aber heute wird oft übersehen, dass das Auf-sich-nehmen und Aufarbeiten solcher Lasten im allgemeinen nur möglich ist, wenn Menschen *von der anderen Seite* bereit sind zu verstehen und zu lieben.«[14]

Zu dieser Auffassung, die sein gesamtes folgendes Werk leiten und sich schließlich auch in seiner Begegnung mit Michael Kühnen zeigen sollte, hatte sich Fried mühsam durchgerungen. Das Schreiben an dem Roman fiel ihm phasenweise sehr schwer. Seit 1946 arbeitete er – mit zum Teil größeren Unterbrechungen – fast vierzehn Jahre daran. Ihn habe es »fast immer große Überwindung gekostet«,[15] sich den in seinem Buch aufgeworfenen Fragen zu stellen und etwas Verbindliches dazu zu sagen, berichtet er im Nachwort. Ein schwieriger, schwer verdaulicher Inhalt trifft auf eine Form, die sich gegen ein konsumierendes Lesen sperrt. Frieds damaligem Verleger Eugen Claassen ging das gegen den Strich. Er hielt den Text für zu reflexiv – selbst für einen modernen Roman.[16] Leicht verkaufen ließ sich das sicher nicht.

GETEILTES ECHO

Es sollte bis 1960 dauern, bis er »Ein Soldat und ein Mädchen« nach vielen Überarbeitungen dann doch noch veröffentlichte. Das Buch, insofern behielt Frieds Verleger recht, wurde nicht gerade das, was man heute einen Bestseller nennt. Doch kam ihm die Ehre zuteil, bereits zwei Jahre nach der deutschen Erstveröffentlichung unter dem Titel »Le soldat et la fille« in einer Übersetzung in Frankreich im renommierten Verlag Gallimard zu erscheinen, wo er als ein von den Erkenntnissen der Psychoanalyse beeinflusster »nouveau roman« wahrgenommen wurde. Das Echo der Kritiker war für ein Roman-Debüt beachtlich. Auf der einen Seite nahm man das Buch als den »aufregenden Erstlingsroman eines Lyrikers«[17] wahr, als »eines der in Gehalt und Gestalt gewichtigsten Werke der modernen deutschen Literatur«.[18] Sein Autor versuche nicht, Schuld zu bagatellisieren, sondern sehe sie »in tieferen soziologischen und psychologischen Zusammenhängen«.[19] Fried zeige, »wie wir im Andern, im Fremden – in sadomasochistischer Verkehrung – doch nur uns selbst hassen«.[20] Er verkaufe kein Engagement, sondern lehre »Wahrheit als das Erschrecken über uns selbst«.[21]

Andere Kritiken warfen Fried allerdings ein eklatantes moralisches Versagen vor. Sie nahmen den Roman als

Entschuldigung »tiefster politisch-moralischer Verkommenheit« wahr,[22] denn sein Autor verliere kein Wort über die innere Haltung Helgas »als erbärmlicher weiblicher Folterknecht«.[23] Die Geschichte sei als »Demonstrationsobjekt einer als humanistisch ausgegebenen These« denkbar ungeeignet, das Buch nicht viel mehr als »ein makabres Machwerk«.[24] Ein Fried nicht übelwollender kommunistischer Bekannter soll der Meinung gewesen sein, dieser habe sich mit dem Roman »kein Denkmal, sondern einen Grabstein gesetzt«. Ein Rezensent in Israel vermutete sogar einen »schlecht getarnten Nazi« in dem jüdischen Exilanten.[25] Während er nach dessen Erscheinen »als unverbesserlicher Apologet der Deutschen oder doch als allzu bereitwilliger Versöhnler und Verzeiher angegriffen wurde«, wundert sich der Autor, sei er in der Folgezeit, als er vor »dem Erstarken alter und neuer Barbarei warnte, als ›Deutschlandhasser‹ angegriffen« worden.[26] Beide Anschuldigungen verfehlen ihr Ziel. Tatsächlich hat Fried mit dem nationalsozialistischen Regime in Deutschland und der dieses ermöglichenden Geisteshaltung zeit seines Lebens nie Frieden schließen wollen. Er blieb immer davon überzeugt, dass die faschistische Ideologie sowie der neu aufkommende Neonazismus energisch bekämpft werden müssen. Ihm ging es um etwas anderes. »Ich bemühe mich«, schrieb er 1963, »einzelnen Menschen zu verzeihen, die in die Nazibewegung geraten waren.«[27] Und auch das gelang ihm nicht in jedem Fall. Als der Schriftsteller herausgefunden zu haben glaubte, dass der Mann, der seinem Vater 1938 in der Haft die Magenwand eintrat und ihn dadurch zu Tode brachte, nun als Zollrat in Düsseldorf ein bürgerliches Leben führte, konnte und wollte er diesem nicht vergeben.

ZWISCHEN DEN STÜHLEN: EIN UNDOGMATISCHER LINKER

Wer sich mit dem Briefwechsel zwischen Kühnen und Fried befassen möchte, muss sich auf den Weg nach Wien begeben. Dort wird die Korrespondenz – zusammen mit dem gesamten Nachlass des Dichters – im Literaturarchiv der Österreichischen Nationalbibliothek am Michaelerplatz aufbewahrt. Diese befindet sich in unmittelbarer Nachbarschaft der Spanischen Hofreitschule, der Heimstatt der berühmten Lipizzaner. Nur zwei Gehminuten entfernt liegt der unauffällige Eingang des Archivs in der Gottfried-von-Einem-Stiege. Im zweiten Stock betreten Besucher das Reich von Volker Kaukoreit – dem stellvertretenden Leiter des Literaturarchivs und sicher besten Kenner des Werks von Erich Fried. Von innen besehen erscheinen die Räumlichkeiten weit weniger prachtvoll, als die für die Besuchermassen herausgeputzten Gebäudefassaden hätten erwarten lassen. Auf den Tischen stapeln sich Akten und Papiere. Das Mobiliar wurde offenbar seit Jahrzehnten nicht erneuert. Vermutlich schätzt man den Repräsentationswert der Literatur weitaus geringer ein als die Hinterlassenschaften des Adelsgeschlechts der Habsburger, das vom 14. Jahrhundert bis zum Ende des Ersten Weltkrieges hier residiert hat. In einem großen Nebenzimmer von Kaukoreits Büro befindet sich das längst nicht vollständig erschlossene Fried-Archiv. Zahlreiche Regale mit Kartons, 320 waren es, als der Nachlass mit dem LKW von London nach Wien transportiert wurde. Allein der Bestand an Korrespondenzen ist enorm; mit 5000 Briefpartnern stand Fried im Austausch. Kaukoreit hat die Materialien in all den Jahren insgesamt zweimal durchgesehen, doch noch immer ist er weit davon entfernt, einen vollständigen Überblick zu haben. Nur Teilbereiche sind wirklich lückenlos erschlossen; vieles ist noch zu tun.

ANTIFASCHIST, ABER KEIN FEIND DER DEUTSCHEN

Fried entwickelte sich schon früh zu dem, was man später einen undogmatischen Linken nennen wird. Im britischen Exil, in das er sich am 5. August 1938 vor den Nazis rettete, arbeitete er beim kommunistisch geprägten österreichischen Flüchtlingsverband »Austrian Centre« und dessen Jugendorganisation »Young Austria« in London mit, stieß sich aber bald an der dort praktizierten Parteidisziplin und ging infolgedessen zu dem Teil der Linken, der Stalin verehrte, zunehmend auf Distanz.[1]

Zutage trat der Konflikt, als sich einige Exil-Kommunisten im Freien Deutschen Kulturbund die von Ilja Ehrenburg vertretene Ansicht zu eigen machten, nach welcher der einzige gute Deutsche ein toter Deutscher sei. Der berühmte sowjetische Schriftsteller stand damals unter dem Eindruck der von den Nazis in seiner Heimat verübten Gräuel. Verbrechen wie diese, das war Frieds Überzeugung, können jedoch nicht dadurch verhindert werden, dass die Gegner derjenigen, die sie verübten, selbst eine inhumane Haltung einnehmen. Zumal Ehrenburgs Äußerung – wenn man sie wörtlich nimmt – im Falle der deutschen Exilanten auf die Negierung der eigenen Existenz hinausgelaufen wäre. Er selbst habe damals vorgeschlagen, erinnert sich der Dichter, sie sollten doch einen Kollektivausflug an die Themse machen und sich ins Wasser werfen. »Zum Glück«, so Fried weiter, »hielt kurz darauf der unfehlbare und allwissende Stalin selbst eine Rede, in der er sagte: ›Die Hitler kommen und gehen, aber das deutsche Volk und ein deutscher Staat bleiben bestehen.‹ Also durften auch diese besonders gewissenhaften Genossen, zwei, drei Exilschriftsteller darunter, weiterleben und mussten sich nicht ihren eigenen Tod *zu eigen machen*!«[2]

AUSSENPOSTEN DER APO

In den Jahren darauf blickte der junge Dichter, der 1944 seinen ersten Gedichtband mit dem Titel »Deutschland« veröffentlichte, zunehmend kritisch auf einen in seinen Augen dogmatisch verengten Marxismus, der durch die Erkenntnisse der Tiefenpsychologie und auch der »bürgerlichen« Soziologie grundlegend erneuert werden müsse. Bereits die ursprüngliche Lehre von Marx und Engels weise zeitgebundene »Einseitigkeiten und Lücken« auf, schreibt er am 17. September 1954 an den BBC-Korrespondenten Robert Bialek, weshalb er sich selbst nicht mehr einen Marxisten nennen würde.[3] In den sechziger Jahren unterstützte Fried den Widerstand gegen den von den USA geführten Krieg in Vietnam, suchte den Schulterschluss mit den Aktivistinnen und Aktivisten der Außerparlamentarischen Opposition (APO) und befreundete sich mit Rudi Dutschke und anderen Akteuren der radikalen Linken.

Bei der großen Demonstration im Februar 1968 am Vorabend des Internationalen Vietnamkongresses im Audimax der TU Berlin ging er Seite an Seite mit dem Kollegen Peter Weiss, dem späteren Autor der »Ästhetik des Widerstands«. Gemeinsam reimten sie dabei Losungen, die, wie Fried sich erinnert, »von vielen Demonstranten laut gerufen wurden«.[4] Mit der überwiegenden Mehrheit der damaligen Linken teilte Fried die Ansicht, dass es nötig sei, den Kapitalismus zu überwinden, die Produktionsmittel zu sozialisieren und eine Art Rätedemokratie zu entwickeln. Wie dieser Sozialismus jedoch erreicht werden könne, ohne dass die Kampfformen, die man zu diesem Zweck entwickelte, selbst zu neuer Herrschaft versteinerten, das räumte der Dichter einmal ein, wisse er höchstens ansatzweise.[5]

Das Londoner Domizil der Familie Fried wurde im Zuge der Studentenrevolte fast so etwas wie ein englischer Außenposten der APO. Prominente Wortführer und Aktivisten der Bewegung – darunter auch Rudi Dutschke – gingen hier ein und aus. »Ich habe versucht zu errechnen, wie viele Leute während der zweieinhalb Jahrzehnte, die Erich und ich zusammenlebten, bei uns wohnten«, erinnert sich Catherine Fried: »Es waren Hunderte, eine genauere Zahl könnte ich nicht nennen, weil sie oft gruppenweise kamen und mehrere Wochen oder gar Monate blieben. Diejenigen, die regelmäßig kamen, waren zumindest enge Freunde, trotzdem wehten sie oft herein wie Nomaden, nahmen sich in der Küche von unserem Essen und zapften Erichs Gehirn an.«[6]

Der BBC-TV-Programmdirektor, Medienwissenschaftler und Schriftsteller Stuart Hood[7] verarbeitete seine Erfahrungen mit den radikalen linken Studenten, denen er seit Ende der sechziger Jahre im Haus seines Nachbarn und Freundes Fried begegnet war, zu dem Roman »Das verrohte Herz«. Es handelt sich um die Geschichte einer Gruppe junger Linker, die sich in der Bundesrepublik zum bewaffneten Kampf entschließen und einen vermeintlichen Verräter in den eigenen Reihen liquidieren. Der Hauptcharakter hat als britischer Offizier im Zweiten Weltkrieg gekämpft und kann die antifaschistischen Motive, die aus den jungen Leuten schließlich Gewalttäter werden lassen, sehr gut verstehen. Auf der anderen Seite weiß er allerdings auch, was es bedeutet, einen Menschen zu töten.

ULRIKE MEINHOF UND DIE RAF

Als ein kleiner Teil der im Zuge der Studentenrevolte von 1968 politisierten und radikalisierten Jugend den von bewaffneten Gruppen in Lateinamerika erprobten Partisanenkampf als Stadtguerilla in die europäischen Metropolen tragen wollte, gehörte Fried zu jenen Linken, die ausdrücklich davor warnten, diesen Schritt zu gehen. Er war ein Gegner der von Mitgliedern der RAF und anderer terroristischer Vereinigungen verübten Gewalt. Dabei kam es ihm jedoch nie in den Sinn, zu leugnen, »wieviel man mit einigen von ihnen trotz aller Ablehnung von so vielem an ihrer Theorie und Praxis doch gemeinsam hat – und vor allem früher, ehe sie zur RAF wurden, gemeinsam *hatte*«.[8] Er hielt bis zu ihrem Tod große Stücke auf Ulrike Meinhof und traf sich an geheimen Orten wie den alten Bahngleisen von Willesden Junction mit der RAF-Mitbegründerin Astrid Proll, die bei ihrem ersten Aufenthalt in England auf der Flucht war.[9] Er konnte »verstehen, was einen Horst Mahler, was eine Ulrike Meinhof zur Verzweiflung getrieben hat«, wollte »ihre Verzweiflungsgedanken und -taten« aber »nicht bejahen«.[10] Die von der RAF vorgenommenen Tötungen waren für ihn »nur noch Mord«.[11] Der von ihm als notwendig erachtete Kampf gegen den Faschismus rechtfertige in seinen Augen nicht jedes Mittel. »Es gibt keine Sache«, erläuterte Fried, »die so heilig ist, dass ihr gedient wird, indem man sich ihr zuliebe in ein Ungeheuer verwandelt.«[12] Die Mitglieder der RAF waren in seinen Augen der Gefahr erlegen, zum Spiegelbild dessen zu werden, was sie einst zu bekämpfen beabsichtigt hatten.

Diese Distanzierung vom linken Terrorismus hieß nun aber nicht, dass er mit den Reaktionen von Politik, Presse und Staatsorganen auf diesen einverstanden gewesen wäre. Ganz im Gegenteil. In den siebziger und achtziger Jahren wandte er sich wiederholt und entschieden gegen die Hetze, denen Angehörige der sogenannten Sympathisanten-Szene ausgesetzt waren. Er äußerte Zweifel an der offiziellen Version vom Selbstmord Ulrike Meinhofs und an der Rechtmäßigkeit der Isolationshaft für die inhaftierten Mitglieder der RAF. 1977 begrüßte er gemeinsam mit dem Psychologen Peter Brückner und weiteren prominenten Linken in einem offenen Brief an den *Spiegel*, dass das ehemalige RAF-Mitglied Hans-Joachim Klein dem bewaffneten Kampf abgeschworen hatte. Politische Morde seien in einer Gesellschaft wie der Bundesrepublik nicht zu rechtfertigen. Doch heißt es in dem Schreiben auch: »Leider aber trägt die Art, wie heute und in den letzten zwei, drei Jahren in der Bundesrepublik Linksextremisten oder so genannte Linksextremisten bekämpft werden, die Gefangenen und ihre Anwälte behandelt und wie Prozesse geführt werden, Mitschuld daran, dass Menschen derartige Untaten begehen.«

Teilen der konservativen und liberalen Presse galt Fried nun als ein »dichtender Verschwörungsneurotiker« (*Die Zeit*, 13. Mai 1977) oder als ein Verfasser von »Mörderpoesie« (*FAZ*, 2. August 1977). Innerhalb der zu diesem Zeitpunkt bereits in viele zerstrittene Splittergruppen gespaltenen Linken hingegen wurde der Dichter »für viele eine Art moralische Integrationsfigur«.[13] Er kritisierte – zuweilen sehr scharf – die Palästinenserpolitik der israelischen Regierung. Er protestierte gegen Berufsverbote für vermeintliche oder tatsächliche Linksradikale im öffentlichen Dienst, unterstützte den Kampf der sich damals herausbildenden neuen sozialen Bewegungen gegen Atomkraftwerke und gegen die Aufrüstung mit atomaren Waffen.

DER SEELENMIST DER ANDEREN

In dieser Zeit kam es zu Kaukoreits erster persönlicher Begegnung mit Fried. Der damalige Student an der Uni Düsseldorf hatte gerade seine erste Seminararbeit über den Dichter geschrieben und sprach ihn 1977 auf dem ersten bundesdeutschen Lyrik-Festival in Hamburg an.

»Das Schicksal wollte es«, erinnert sich Kaukoreit,[14] »dass er die Bühne nach seinem Auftritt nicht hinten heraus verließ, sondern die kleine Treppe vorne herunterstieg. Genau dort, wo ich mich hingestellt hatte, um ihm bei der Lesung besonders nahe zu sein. Naiv sondergleichen rief ich ihm zu: ›Herr Fried, Herr Fried, ich arbeite gerade über Sie. Ich möchte Sie gerne kennenlernen.‹ Er sagte zu mir: ›Ach, das ist aber schade. Denn ich fliege zurück nach London. In der nächsten Woche bin ich im Rheinland.‹ Ich erwiderte: ›Das ist super. Ich komme aus dem Rheinland.‹ Daraufhin schrieb er mir die Telefonnummer einer Freundin auf, bei der er in Köln ein paar Tage wohnen würde. Ich sollte dort anrufen, um dann ein Treffen zu vereinbaren. Das tat ich.« Kaukoreit war sehr aufgeregt, als er mit seinem Kassettenrecorder zu besagter Freundin Frieds fuhr und dem Dichter in deren Wohnzimmer vor allem wissenschaftliche Fragen zu dessen hermetisch dunklen Gedichten der fünfziger Jahre stellte. Der Schriftsteller gab freudig Auskunft, doch waren ihm die Fragen seines Gegenübers ein wenig zu akademisch.

Zunächst sah es daher so aus, als ob es bei diesem einen Treffen bleiben würde. Dass es anders kam, hatte mit Dorothea zu tun, der Tochter der Gastgeberin, die sich in den letzten ein, zwei Stunden des Gesprächs dazugesetzt hatte. Kaukoreit fand die ein paar Jahre ältere Frau faszinierend. Er folgte ihrer Einladung, noch einmal wiederzukommen. Es kam, wie so oft: Er verliebte sich in sie, aber sie sich nicht in ihn. Am Ende war er zutiefst verstört. In dieser Zeit klingelte bei Kaukoreit, der damals noch bei seinen Eltern wohnte, das Telefon. Als er den Hörer abnahm, ertönte eine tiefe Stimme: »Hallo, hier ist Erich Fried. Bist du Volker?« Er antwortete: »Ja.« Darauf der Dichter: »Ich habe gehört, dass es dir schlecht geht, dass du so unglücklich bist, weil es mit der Doro nichts geworden ist. Ich wollte nur sagen, dass mir das so leidtut. Wenn ich dir irgendwie helfen kann und du darüber sprechen möchtest …« Das, so meinte Kaukoreit später, sei typisch für Fried gewesen. Der Mann habe sich jeden Seelenmist von anderen angehört. Dafür hätten ihn viele gemocht. Der liebeskranke Student freute sich über das Interesse des Dichters und zögerte nicht lange: »Natürlich würde ich Sie gerne wieder treffen.« Als der Dichter alsbald in Düsseldorf am Theater zu tun hatte, holte Kaukoreit ihn am Flughafen ab und die beiden setzten ihr Gespräch fort.

KAMPF GEGEN DIE ENTFREMDUNG

Im Frühjahr 1966 tagte die »Gruppe 47« – eingeladen von der germanistischen Abteilung der Universität Princeton und kofinanziert von der Ford-Stiftung – das erste und einzige Mal auf amerikanischem Boden. Erich Fried war mit dabei, wie in den Jahren zuvor.[1] Im Oktober 1963 nahm er auf Empfehlung von Walter Jens und Ernst Schnabel sowie nach Fürsprache von Martin Walser zum ersten Mal an einem der jährlichen Treffen teil. Für den bereits über vierzigjährigen Exilanten, der als BBC-Kommentator, Übersetzer und mit einer Reihe von Gedichtbänden erste Erfolge hatte feiern dürfen und zudem die Wertschätzung von weitaus erfolgreicheren Kollegen wie Ernst Jandl, Hans Magnus Enzensberger, H. C. Artmann und Alfred Andersch genoss, war das ein Riesenschritt hin zum großen Publikum.[2]

Die von beachtlicher Medien-Resonanz begleiteten Tagungen der fest im kulturellen Leben der Republik verankerten Gruppe 47 boten Fried die ganz große Bühne, welche er als leidenschaftlicher Diskutant auch zu nutzen wusste. Im Eifer des Gefechts konnte es schon einmal geschehen, dass er sich den Pullover über den Kopf streifte, ohne zunächst überhaupt zu bemerken, dass er nun mit nacktem Oberkörper dasaß. Dabei fiel es ihm auch mitten im heftigen Streit nicht schwer, dem Gegner zuzugestehen, dass dieser einen Punkt gemacht hatte. Mitunter änderte er eine zuvor noch mit Nachdruck vertretene Ansicht im Verlauf des Wortgefechts. Dann tat er seine neu gewonnene Position mitten in einer Debatte kund, was bei den Mitdiskutanten Irritationen auslöste. Der Literaturwissenschaftler Hans Mayer beschrieb den Erich Fried, den er bei den Tagungen kennenlernte, als jemanden, der »nicht bloß zuhören konnte, wenn man ihm widersprach, sondern sich auch überzeugen ließ«.[3] In dieser Hinsicht gehörte er zu einer rar gesäten Sorte Mensch. Zugleich war er immer auch ein wenig selbstverliebt. Hatte er ein Argument platziert, schaute er zuweilen mit einem höchst zufriedenen Ausdruck um sich, als ob er sagen wollte: »Schaut alle her, wie ich hier mit meinem unschlagbaren Argument wieder einen Treffer gelandet habe.« Für einen Augenblick schien er dann erneut das Wunderkind der Wiener Vorschulzeit zu sein, das sich ungefragt mit eigenen Meinungen in die politischen Gespräche der Erwachsenen eingemischt hatte und bereits früh für die Theaterbühne entdeckt worden war.

In seiner in Princeton gehaltenen Rede kam Fried auf ein zentrales Motiv seines eigenen Schaffens zu sprechen: den Kampf gegen die Entfremdung. Was ist damit gemeint? Fried war davon überzeugt, dass die sich im Alltagshandeln immer wieder einstellenden Routinen und Gewohnheiten, die uns entlasten und davor bewahren, das Rad im täglichen Miteinander jeden Tag wieder neu erfinden zu müssen, eine Kehrseite haben. Häufig sind es jene Normen, die wir im Rahmen einer falschen

Erziehung verinnerlicht haben, die uns abstumpfen und die Mitmenschen nur noch schablonenhaft wahrnehmen lassen. Diese Mitmenschen werden dann mit bestimmten – tatsächlichen oder ihnen durch das allgemeine Vorurteil bloß untergeschobenen – Ansichten, Verhaltensweisen oder Eigenschaften identifiziert und nicht als das begriffen, was sie im Kern ihres Wesens sind: handelnde Subjekte, deren Möglichkeitshorizont sich niemals in dem erschöpft, was die von ihnen jeweils konkret realisierten Handlungen zu zeigen scheinen. Eine auf diese Weise verzerrte Weltsicht blockiert die sachgerechte Erkenntnis der Wirklichkeit, behindert die wirkliche Begegnung von Menschen und steht auch einer ehrlichen Selbsterkenntnis im Wege. So lässt sich die Sichtweise Frieds kurz zusammenfassen. Er beließ es nicht bei der Theorie, sondern leitete weitreichende politische und moralische Konsequenzen aus ihr ab. Statt die Spuren der Entfremdung – was die leichtere Übung wäre – vor allem im Verhalten des politischen Gegners aufzuspüren, käme es darauf an, den kritischen Blick zunächst auf sich selbst zu richten.[4]

»Es ist wichtig«, sagte Fried im März 1981 in seiner Rede auf dem ersten österreichischen Schriftstellerkongress, »dass man die Fühllosigkeit nicht nur beim jeweiligen politischen oder weltanschaulichen Gegner aufzeigt, sondern dass man ihr auch näher bei sich selbst und in den eigenen Kreisen nachspürt.«[5] Folgerichtig war es, dass den Dichter die Frage beschäftigte, welche Neigungen er selbst zu faschistischen Ideen hätte entwickeln können, wenn er nicht als Jude unter das Rassen-Verdikt des Nationalsozialismus gefallen wäre. Bei seinem ersten Telefongespräch mit Kühnen, erinnert sich ein aus dem engsten Umkreis des Neonazis stammender Ohrenzeuge, soll er gesagt haben, dass er sich vorstellen könne, selbst ein »guter SS-Mann« geworden zu sein, wenn er nicht wegen seiner jüdischen Abstammung aus Österreich hätte fliehen müssen.[6]

Nun ist diese Aussage schon deshalb mit Vorsicht zu genießen, weil sie dem Neonazi in den Kram gepasst haben mag, war sie doch dazu geeignet, die eigene politische Position aufzuwerten. Nach dem Motto: »Schaut her, sogar Erich Fried kann sich vorstellen, einer von uns gewesen zu sein!« Dennoch erweist es sich durchaus als plausibel, dass der Dichter in dem geschilderten Zusammenhang tatsächlich geäußert hat, was ihm der Faschist viele Jahre später in den Mund legte. Fried hatte dabei keine Affirmation des Nationalsozialismus im Sinn, vielmehr äußerte er solches als kritische Selbstreflexion – zuweilen auch gegenüber anderen Personen. »Er stellte sich immer wieder auch die Frage, wie sich seine eigene politische Haltung entwickelt hätte, wenn er kein Jude gewesen wäre«, sagt Volker Kaukoreit.[7] Wer tief in sich hineinschaut, das war die Überzeugung des Dichters, muss damit rechnen, Gefühle und Auffassungen, die heute gerne als »menschenfeindlich« bezeichnet werden, nicht nur bei anderen, zumal dem politischen Gegner, sondern auch bei sich selbst zu entdecken. Wer aber diese Erfahrung macht, die verbotenen Gefühle eben nicht zu verdrängen sucht, sondern sich ihnen stellt, verfügt womöglich über das bessere Rüstzeug im notwendigen Kampf gegen die allgegenwärtige Verrohung.

NEIGUNG ZUR SELBSTERFORSCHUNG

In der Nachkriegszeit, das war Frieds Überzeugung, hatte es an der Bereitschaft der Deutschen zu einer solchen Selbsterforschung gemangelt. Statt darüber nachzudenken, warum sie sich für Hitler begeistern konnten, hätten sie ihre eigene Rolle im Regime verdrängt und sich damit vom eigenen Ich entfremdet. Alexander und Margarete Mitscherlich brachten diese fatale Verdrängungsleistung in ihrem Buch »Die Unfähigkeit zu trauern« auf den Begriff.[8] Die selbstkritische Innenschau als Baustein im Kampf gegen die Entfremdung gehörte für Fried zum Wichtigsten, was die Literatur überhaupt leisten kann. Schon den Schuljungen beschäftigten die Fragen der Seelenkunde. Der Achtjährige benutzte in einem Leserbrief an eine Zeitung bereits den Ausdruck »Unterbewusstsein des Vorurteils«, eine Wendung aus dem Vokabular Sigmund Freuds, dessen Ansätze seinerzeit in Kreisen des Wiener Bürgertums, zumal des jüdischen, viel diskutiert wurden. Niemand ist davor gefeit, sich von Denkschablonen und internalisierten falschen Normen zu Fehlurteilen oder Handlungen verleiten zu lassen, mit denen er sich oder anderen schadet. Auf der anderen Seite gibt es niemanden, der als handelndes Subjekt vollständig in seinen Taten oder Untaten aufginge. Selbst ein Nazi-Täter, das war Frieds Überzeugung, dürfe als Mensch weder auf seine Verbrechen noch auf seine verwerfliche Ideologie reduziert werden und verdiene daher eine anständige humane Behandlung.

Der antifaschistische Kampf war in seinen Augen »meistens zu kleinkariert geführt worden, zu engherzig, zu einseitig und gerade deshalb auch mit zu wenig Realitätssinn«.[9] So kam es, dass der Dichter die ihm seit seiner frühen Jugend bekannte und im linken Milieu kaum hinterfragte Parole »Schlagt die Faschisten, wo ihr sie trefft« in einer 1978 anlässlich des 70. Geburtstags des Theologen Helmut Gollwitzer an der FU Berlin gehaltenen Rede als eine zwar sehr verständliche, gleichwohl aber furchtbare Losung verwarf. Es gebe auch Situationen, »in denen man einen solchen Menschen unter Umständen trifft, unter denen man mit ihm sprechen oder ihm helfen und vielleicht dadurch mehr erreichen kann, als indem man schlägt«.[10]

Unter der Überschrift »Wie sah der antifaschistische Kampf aus und wie sollte er heute aussehen« (1978) trat der Dichter für eine Neuausrichtung desselben ein. Nur wenn »Menschen von der anderen Seite bereit sind zu verstehen und zu lieben«,[11]davon war er überzeugt, ließe sich ein Weg aus der allgegenwärtigen und ins Verhängnis führenden Entfremdung finden. Was wollte er besser machen? Es gehe darum, den Antifaschismus nicht als Vorwand zu nehmen, um »sich für besser zu halten als Andersdenkende«.[12] Diese dürften niemals als »Menschen zweiten Ranges«[13] betrachtet werden. Dann wäre die Auseinandersetzung möglichst fair zu führen. Man solle politische Gegner um dessentwillen bekämpfen, »was sie wirklich schlecht und böse machen«, sagte Fried bereits 1957 in einem Rundfunkkommentar für das German Soviet Zone Programme der BBC. Es sei »weder menschlich anständig« noch »politisch vorteilhaft, sie außerdem noch zu verleumden«.[14] Es kam für Fried darauf an, in jedem politisch Andersdenkenden – auch im Feind – immer noch den Mitmenschen zu erkennen.

Auf besondere Weise sah er diese Haltung in Rudi Dutschke verkörpert. In seiner Gedenkrede für den Freund, der am Heiligabend des Jahres 1979 infolge eines epileptischen Anfalls in der eigenen Badewanne im dänischen Aarhus ertrunken war, schilderte Fried eine Begebenheit, die diese Qualität für ihn besonders zum Ausdruck brachte. Auf der großen Demonstration gegen den Vietnamkrieg im Februar 1968 in Berlin kletterte eine Gruppe von Mitgliedern der Jungen Union auf das Baugerüst und einen sehr hohen Baukran gegenüber der Oper, um den linken Studenten ihre Karl-Liebknecht- und Rosa-Luxemburg-Plakate sowie Fahnen zu entwenden und diese vor deren Augen zu zerstören. Als Dutschke das sah, sagte er zu dem neben ihm stehenden Fried: »Hoffentlich fällt wenigstens keiner von ihnen runter!« Anschließend nahm er sich das Mikrofon und beruhigte die aufgebrachten Demonstranten mit den Worten, dass dieselben Leute, die nun ihre Fahnen herunterholten, am Ende diejenigen sein würden, die sie eines Tages hoch oben auf dem Springer-Hochhaus anbringen würden. Mit diesen Worten gelang es dem Studentenführer – gemäß der Schilderung Frieds –, die in der Menge aufkommende Atmosphäre des Hasses zu vertreiben. Dass sie diesem aber überhaupt in den Sinn gekommen waren, hatte nach Ansicht des Dichters damit zu tun, dass Dutschke um das Leben und die Gesundheit seiner politischen Gegner aufrichtig besorgt war.[15]

Ein eindrücklicher Beleg für die von Dutschke praktizierte »Feindesliebe« war die Art und Weise, wie er mit dem Mann umging, der ihn am 11. April desselben Jahres mit zwei Pistolen in der Nähe des SDS-Büros auf dem Berliner Ku'damm niederschoss und dadurch sehr schwer verletzte. Während seiner lang andauernden Genesung in London traf er sich dort immer wieder zu Gesprächen mit Fried. Dabei erfuhr der Dichter, wie Dutschke einen Briefwechsel mit jenem Josef Bachmann begann und den Theologieprofessor Helmut Gollwitzer sogar bat, sich um den inhaftierten Hilfsarbeiter mit Kontakten in die gewaltbereite rechtsextreme Szene zu kümmern. Darüber hinaus beauftragte der APO-Kopf seinen Anwalt Horst Mahler damit, vor Gericht zum Ausdruck zu bringen, dass er sich von Bachmann nicht gefährdet fühle und desto schneller zu genesen glaube, je eher der Täter freikomme. Als Dutschke schließlich erfuhr, dass Bachmann in der Haft Suizid begangen hatte, machte er sich Gedanken darüber, ob er dessen Tod hätte verhindern können, wenn er in Berlin geblieben wäre und ihn besucht hätte.[16] Zudem – so Fried – habe sein Freund in dieser Zeit einen Rückfall bei seiner Genesung erlitten.

DER HEISSE HERBST

Das Jahr 1983 stand politisch ganz im Zeichen der Proteste der Friedensbewegung gegen den NATO-Doppelbeschluss. In der Bundesrepublik sollten mit atomaren Sprengkörpern bestückte Mittelstreckenraketen (»Pershing II«) sowie Marschflugkörper (»Cruise Missiles«) in Stellung gebracht werden. Auf der anderen Seite des Eisernen Vorhangs hatte die Sowjetunion moderne SS 20-Raketen stationiert. Die Vorwarnzeiten bis zum möglichen Einschlag wurden immer kürzer und somit erhöhte sich auch die Gefahr eines »Atomkriegs aus Versehen«. Wuchs man in den sechziger und siebziger Jahren in Westdeutschland auf, so gehörten die zu Übungszwecken tieffliegenden Kampfjets, die mit einem Höllenlärm über die Dächer der Stadt jagten, quasi zum Alltag. Nicht selten heulten Sirenen von den Dächern öffentlicher Gebäude. Dann mussten die Schulkinder ihre Banknachbarn bei der Hand fassen und wurden vom Lehrpersonal angehalten, die Klassenzimmer ruhigen Schritts in Richtung Pausenhof zu verlassen. »Das ist nur eine Übung«, wurde den Kleinen erklärt, die sich dort versammelten. »Kommt es zur Explosion einer Atombombe«, hörte manches Kind die Erwachsenen sagen,

»dann werfe dich auf den Boden. Wenn ein weißes Bettlaken greifbar ist, dann krieche darunter.«

Dystopische Zukunftsfilme wie »Planet der Affen« zeigten im Kino, wie die Welt nach der atomaren Selbstauslöschung der menschlichen Zivilisation aussehen könnte: Eindrucksvoll werden die Ruinen der untergegangenen Stadt New York präsentiert und die von der Strahlenkrankheit gezeichneten Gesichter von Mutanten, die die Atombombe wie einen Gott verehren. Schon die Jüngsten in der Bundesrepublik erfuhren von den Titelseiten der Illustrierten, wie ein Atompilz aussah. Der *Stern* zeigte mittels beeindruckender Tabellen, Grafiken und Säulendiagramme, wie oft die verfeindeten Machtblöcke in Ost und West sich zu vernichten in der Lage waren. Das Wort dafür hieß »Overkill«. Die Furcht vor dem Atomtod trieb viele Menschen in ganz Europa auf die Straße. Allein an den Protesten, die am 22. Oktober zeitgleich in Berlin, Bonn, Hamburg und bei einer Menschenkette zwischen Stuttgart und Ulm stattfanden, beteiligten sich etwa 1,3 Millionen Menschen. Man wollte die Regierung von ihren Rüstungsplänen abbringen oder der Militärmaschinerie zumindest Sand ins Getriebe streuen.

GEGEN DEN ATOMTOD

Zu den Protagonisten gehörten damals auch eine ganze Reihe von Personen mit einer nationalistischen Vergangenheit. Neben linksgerichteten Rüstungsgegnern forderten nationalpazifistische sowie rechtsradikale Gegner des westlichen Militärbündnisses einen Austritt der

Bundesrepublik aus der NATO. Wenig bekannt ist, dass auch Michael Kühnen eine Beteiligung seiner neofaschistischen Organisation »Aktionsfront nationaler Sozialisten« an den Demonstrationen der Friedensbewegung in Erwägung zog. Wie deren linke Teilnehmer war auch er gegen atomare Aufrüstung und NATO eingestellt.

Erich Fried rannte daher offene Türen ein, als er dem Neonazi am 7. Mai 1985 schrieb: »Ich meine, Du müsstest auch sehen, dass die dringendste Aufgabe für uns alle die Verhinderung eines Atomkrieges ist, der von Deutschland (und Europa und USA) nichts übrig lassen würde.«[1] Er versucht sein Gegenüber an dieser Stelle nicht zu überzeugen, sondern vergewissert sich einer punktuellen politischen Übereinstimmung mit Kühnen, die ihm als solche längst bekannt ist. Wenige Monate zuvor hatte der Neonazi dem Dichter geschrieben: »Du weißt aus unserem Gespräch, dass ich für die Friedensbewegung und gegen die Nachrüstung und überhaupt diese ganze NATO bin. Als es um den ›heißen Herbst‹ ging, da hatte ich ursprünglich vor, mit meinen Leuten massiv und militant mitzudemonstrieren. Vorher hatte ich ein ausführliches Gespräch und Interview mit einer taz-Journalistin, die mir nachher ausführlich auseinanderlegte, wie sehr das als Provokation gegen die Friedensbewegung ausgelegt werden könnte und vom System wohl auch würde.«[2] Tatsächlich hätte er durch den Versuch, an den Protesten teilzunehmen, wohl zusätzliche ernste Konflikte in das ohnehin aus den unterschiedlichsten Gruppen zusammengesetzte Bündnis der Friedensbewegung hineingetragen. Die nach außen hin sichtbare Teilnahme von erklärten Neofaschisten an Kundgebungen, Demonstrationen oder gar Podien der gegen das Wettrüsten protestierenden Menschen hätte zu Zwist und damit einer empfindlichen Schwächung der Friedensbewegung führen können – im schlimmsten Fall zu ihrer Spaltung. Deren Stärke lag nicht zuletzt in den beeindruckenden Demonstrationen mit bis zu mehreren Hunderttausend Teilnehmerinnen und Teilnehmern, deren Bilder das Fernsehen auf der ganzen Welt verbreitete. Diese Massenbeteiligung gründete auf der Unterstützung ganz unterschiedlicher zivilgesellschaftlicher Kräfte, die ein durchaus fragiles Bündnis miteinander eingegangen waren. Es wäre vielen politischen Gruppen und Einzelpersonen nicht vermittelbar gewesen, öffentlich mit Leuten in Erscheinung zu treten, die nicht nur keine Pazifisten waren, sondern darüber hinaus den millionenfachen Mord des nationalsozialistischen Schreckensregimes an den Juden leugneten und die Wiedererrichtung eines faschistischen Staates mit Großmachtambitionen im Sinn hatten. In Deutschland, dem Land der Täter, schon einmal gar nicht.

KEINE QUERFRONT

Die Teilnahme der Faschisten wäre für die Friedensbewegung noch aus einem anderen Grund fatal gewesen. Es braucht nicht viel Phantasie, um sich vorzustellen, dass die Unterstützer des NATO-Doppelbeschlusses das Auftauchen eine prominenten Neonazi-Figur wie Kühnen dazu genutzt hätten, den Organisatoren und den Aktivisten der Friedensbewegung vorzuwerfen, sie würden einen Pakt mit militanten Rechtsradikalen eingehen. Sehr rasch hätte der Vorwurf im Raum gestanden, sie würden den Neonazismus dadurch politisch aufwerten oder einer »Querfront«[3] zwischen Links und Rechts den Weg bereiten. Die Entkräftung entsprechender Attacken hätte viel Kraft und Zeit in Anspruch genommen. Tatsächlich war die Friedensbewegung nach dem Zweiten Weltkrieg zu keiner Zeit eine ausschließlich linke Veranstaltung. Die drohende Gefahr eines alles menschliche Leben vernichtenden Atomkriegs beunruhigte Menschen aus allen weltanschaulichen Milieus und politischen Lagern. Auch die Partei Die Grünen war in ihrer Anfangsphase ein ideologisch ausgesprochen bunter Haufen, in dem sich Achtundsechziger, konservative Ökologen, Maoisten und Spontis, aber auch Leute mit einer braunen Vergangenheit zusammenfanden. Eine Gruppe von Rechtsextremisten, die keinen Hehl daraus machten, das demokratische System überwinden und durch eine faschistische Diktatur ersetzen zu wollen, hätte jedoch das Potenzial gehabt, jedes noch so breit gefächerte Bündnis zu sprengen. Das hat Kühnen offenbar nicht gewollt. Eine Schwächung der Friedensbewegung, deren Nahziel einer Verhinderung weiterer atomarer Aufrüstung er ja zu teilen glaubte, lag nicht in seinem Interesse. »Wir haben lediglich«, erläutert er Fried, »ein Flugblatt herausgebracht und bundesweit verteilt – übrigens auch allen uns verfügbaren Adressen der Friedensbewegung zugeschickt –, uns aber aus den Kundgebungen herausgehalten.«[4] Angesichts des überlebensnotwendigen Interesses an einem Erfolg habe er die gute Möglichkeit, die Ziele seiner Gruppe öffentlich zu machen, zurückgestellt und »jede Beteiligung am heißen Herbst abgesagt«.

Dass Fried indessen die Verhinderung eines atomaren Vernichtungskriegs als die wichtigste Aufgabe »für uns alle« bezeichnete und damit ausdrücklich auch Kühnen einbezog, heißt allerdings keineswegs, dass er in dieser Frage bereit gewesen wäre, ein politisches Bündnis mit dem Neonazi einzugehen. Von irgendwelchen Querfront-ambitionen, die der Dichter gehegt haben könnte, ist dem Briefwechsel jedenfalls nichts zu entnehmen und auch sonst nichts bekannt.

DAS RÄTSEL DER FREUNDSCHAFT

Sechzehn erhaltene Briefe umfasst die am 27. Dezember 1984 mit einem Schreiben von Kühnen an Fried beginnende Korrespondenz. Die Schriftstücke können im Lesesaal des Literaturarchivs der Österreichischen Nationalbibliothek in Wien eingesehen werden. Acht Briefe gehen von Fried an den Neonazi, wiederum acht von diesem an den Dichter. Der Austausch endet mit einem letzten, auf den 10. Juni 1987 datierten Brief von Kühnen an Fried. »Ein sicheres Fehlen lässt sich nur für zwei Briefe feststellen: Es findet sich zwar ein leerer Umschlag Kühnens, der am 23.4.1986 gestempelt wurde, das Schreiben, auf das sich Fried auch in einem eigenen Brief bezieht, ist hingegen nicht auffindbar. Und ebenfalls aus einem Antwortschreiben zu rekonstruieren ist das Fehlen eines Briefes von Kühnen an Fried vom Anfang des Jahres 1987.«[1]

Lückenlos dokumentiert ist der Schriftwechsel der beiden so verschiedenen Männer also nicht. Die übrigen Briefe erlauben dennoch einen tiefen Einblick in die Natur ihrer Beziehung. Keiner der beiden bemüht sich um Distanz zu seinem Gegenüber.

WUNSCH NACH NÄHE

Was beim Lesen der Korrespondenz sofort ins Auge fällt, ist der vertrauliche, bisweilen unerwartet warme und herzliche Ton, in dem die beiden Männer miteinander umgehen. Das geht über das Duzen, die durchgängige Verwendung der Anrede »Lieber« und das Ausrichten »guter Wünsche«[2] noch ein ganzes Stück hinaus. Mit »Einstweilen alles Liebe! Dein Erich«[3] schließt der Dichter in seinem Brief vom 7. Mai 1985 und schon in seinem Schreiben vom 10. Januar ergänzt er den handschriftlichen Zusatz: »Alles Liebe! Dein Brief beweist auch, dass ich mich in meiner Einschätzung Deiner menschlichen Qualitäten nicht geirrt habe. Dein Erich«.[4] Er habe Kühnens Schreiben lauter Antifaschisten, darunter auch Juden gezeigt, die alle tief beeindruckt gewesen seien. Kühnen wiederum versichert Fried am 23. Mai 1985: »Glaubst Du, ich misstraue Deinen Gedichten, weil sie von einem Juden kommen?! Ich spüre darin – soweit ich sie kenne, natürlich, und viel kenne ich leider nicht – Ehrlichkeit, und darum vertraue ich ihnen.«[5]

Schon zu Beginn ihres Gedankenaustauschs signalisiert Fried ganz offen seinen Wunsch nach Nähe zu dem Inhaftierten. »Viel lieber säße ich Dir gegenüber, so dass wir miteinander sprechen könnten. Manche Missverständnisse könnten dann durch einen Blick, eine Geste vermieden oder im Keim erstickt werden.«[6] Dabei ist ihm durchaus klar, dass es die herbeigesehnte Verringerung der Distanz ist, welche die Gefahr mit sich bringt, dem Gegenüber aus Angst vor Liebesverlust in der Sache falsche Zugeständnisse zu machen. »Aber natürlich«, fährt er fort, »hat das Schreiben auch Vorteile: Es verhindert einen menschlich ungemein verständlichen und verzeihlichen Opportunismus, entstanden aus dem Glücksgefühl, dass freundliches Gespräch über so viele Meinungsgrenzen hinweg möglich ist, der dann – halb unbewusst aber manchmal desto sicherer funktionierend – verhindern will, dass etwas gesagt wird, was sich störend gegen dieses Glücksgefühl erheben könnte.«[7]

Was war es, das den Dichter und den Neonazi emotional verband? Im ersten Moment naheliegend wäre es, eine homosexuelle Anziehung zu vermuten, vielleicht sogar eine richtige Affäre. Aber ist das wahrscheinlich? Der Altersunterschied zwischen den beiden beträgt fast 35 Jahre und außerdem begehrte Kühnen, soviel man weiß, nicht ältere Männer, sondern bevorzugte solche, die sehr viel jünger waren als er selbst. In Paris, so berichtet sein Biograf Werner Bräuninger, habe er mindestens zwei sexuelle Beziehungen gehabt: eine mit einem vierzehn- oder fünfzehnjährigen portugiesischen Straßenjungen und eine mit einem deutschen Nazi-Kameraden, ebenfalls noch einem sehr jungen Mann im Teenager-Alter. Fried hingegen war ein kleiner, rundlicher älterer Herr mit einer ausgeprägten Gehbehinderung, der – bei allem, was man weiß – sich sexuell ausschließlich zu Frauen hingezogen fühlte. Diese Neigung wurde erwidert und er bekannte sich noch in einem Brief an seine dritte und letzte Ehefrau Catherine vom 15. Oktober 1984 zu seiner »ausgeprägten Polygamie«, die seine Liebe zu ihr jedoch nicht schmälere.[8] Noch in seinen späten Jahren übte er eine – wenn man nur seine äußere Erscheinung in Rechnung stellt – überraschend starke Wirkung auf Frauen jeglichen Alters aus, die ihn als Dichter verehrten, aber oft genug auch als Mann begehrten. Seine Lesereisen, die ihn immer wieder vor allem nach Westdeutschland führten, trennten ihn oft wochen- und monatelang von seiner Familie und seinem Zuhause in London. Da er es verabscheute, in Hotels zu übernachten, fand er Unterschlupf bei Privatleuten. Es gab Anlaufstationen in Wuppertal, Frankfurt am Main, in Bremen, in Düsseldorf und in der Nähe von Heidelberg. Es gab außerdem einen evangelischen Pfarrer im nördlichen Ruhrgebiet, zu dem er fuhr, und seit Ende der Siebzigerjahre machte er gerne Station bei dem Germanistikstudenten Volker Kaukoreit, der zunächst noch eine Gartenlaube bei seinen Eltern in Dormagen bewohnte. Dass es dort kein fließendes Wasser gab, habe Fried nicht gestört. »Er fand es eher anheimelnd«, erinnert sich der Literaturwissenschaftler, der damals einige der vielen Affären des Dichters aus nächster Nähe mitbekam. Gelegenheiten für Techtelmechtel und auch für ernsthaftere Begegnungen muss es während der lang dauernden Reisen, auf denen der Dichter bei ausverkauften Lesungen stets mit Heerscharen von Verehrerinnen konfrontiert wurde, reichlich gegeben haben. In der Schweiz hatte Fried seit 1979 für einige Zeit eine feste Geliebte. Es gibt ein Foto aus dem Jahr 1988, auf dem sie zu sehen ist. Zwischen dem hochgewachsenen Volker Kaukoreit auf seiner Linken und dieser schönen, elegant in einen Mantel gehüllten jungen Frau auf seiner Rechten läuft der Dichter in hellem Trenchcoat und Gehstock durch eine Einkaufspassage, die zum Düsseldorfer Flughafen gehören muss. Die Lyrik in seinem Band »Liebesgedichte«, berichtet Catherine in ihrem nach Frieds Tod erschienenen Erinnerungsbuch »Über kurz oder lang«, hatte ihr Gatte für eine andere Frau geschrieben. Für die Vermutung, dass Fried ein erotisches Interesse an Kühnen gehabt haben könnte, gibt es also keinen Anhaltspunkt.

ANTIBÜRGERLICHE GEMEINSAMKEIT

Die vielleicht wichtigste Gemeinsamkeit der beiden so unterschiedlichen Männer ist ihre Bereitschaft, dem jeweils anderen eine aufrichtige idealistische Motivation zu unterstellen. Während Fried schreibt, »dass auch ein Rechtsradikaler ein Mensch mit Idealen und seiner eigenen Ehrlichkeit« sein kann,[9] betont Kühnen: »Idealisten können sich achten – und wenn nötig ritterlich kämpfen und – wichtiger noch – ritterlich siegen!«[10] Der vorübergehende Maoist glaubt, dass man der Linken »mehr intellektuelle Ehrlichkeit und Redlichkeit zutrauen müsste als der bürgerlichen Rechten«.[11] Beide machen Front gegen den Kapitalismus und suchen nach einer gesellschaftlichen Alternative, die bei Kühnen – anders als bei Fried und der sozialistischen Linken im Allgemeinen – jedoch nicht auf die Überwindung von Herrschaftsverhältnissen, sondern auf die Anpassung des Menschen an eine vermeintlich naturgegebene Ordnung zielt oder an Hierarchien, die den vermeintlichen Gesetzen des Lebens entsprechen. Sein vorgeblicher »nationaler Sozialismus« hat mit dem von Karl Marx formulierten Anspruch, »alle Verhältnisse umzuwerfen, in denen der Mensch ein erniedrigtes, ein geknechtetes, ein verlassenes, ein verächtliches Wesen ist« (Einleitung zu seiner »Kritik der Hegelschen Rechtsphilosophie«), herzlich wenig zu tun.

Mit Fried verbunden sieht sich der Neonazi jedoch in der Frontstellung gegen den »durchschnittlichen, nur an seinem bürgerlichen Wohlergehen interessierten BRD-Spießer, der aber vielleicht, weil er keine Türken mag und Angst vor der Zukunft hat, mich einmal wählen wird!«.[12]

Während er Fried in der Rolle des – ihm offenbar durchaus sympathischen – schwärmerischen Idealisten sieht, gibt er sich selbst den Anschein eines Mannes, der sich, entgegen seiner ganz anders ausgerichteten – nämlich pädagogischen – Neigungen, dem Machtrealismus der Politik verschrieben hat. »In einem Staat, dessen Grundlagen ich bejahen könnte«, so schreibt er an Fried, »wäre ich kritischer Journalist, Jugendführer [Erzieher] – am liebsten aber ›Schulgründer‹ im Sinne von Platons Akademie. Du siehst: Einfluss nehmen, auf Menschen wirken, gestalten und etwas für die Zukunft hinterlassen, das möchte ich in jedem Fall – aber Politiker bin ich nur, weil ich nicht im, sondern nur gegen das System in Deutschland leben kann und vor der Realität nicht kapitulieren will.« Mit diesem Bekenntnis zum erzieherischen Wirken und Die-Welt-verändern-Wollen wird Kühnen bei Fried auf offene Ohren gestoßen sein und Sympathiepunkte gesammelt haben. Der Dichter mag darin seine eigene Neigung erkannt haben, seinen zahlreichen Anhängern und Kontrahenten bei Lesungen, auf Podiumsveranstaltungen, bei den zahlreichen Diskussionen, die nicht zuletzt auch immer wieder in seinem Londoner Garten stattfanden, die richtigen Botschaften übermitteln zu wollen.

EINE FORM VON »ADOPTION«

Nachdem er Kühnens »Einführung in die NS-Lebensanschauung« gelesen hat, artikuliert der Dichter allerdings seine völlige Ratlosigkeit. Der Text sei »eine Mischung von unverkennbarem guten Willen mit so vielen falschen Schlüssen, soviel Dogmatik, so vielem verzweifelten Sich-Anklammern an Worte und halbe Gedanken, daß mir ganz schwindelig dabei wird«,[13] schreibt er Kühnen am 7. Mai 1985 während einer Reise in den Niederlanden. Fried muss sich von dem, was er bei Kühnen las, immer wieder enorm abgestoßen gefühlt haben. Schließlich ging es dem Neonazi darum, eine Ideologie zu retten, deren mörderische Folgen Fried am Beispiel seiner eigenen Familie brutal zu spüren bekommen hatte. Dennoch – vielleicht sogar gerade deswegen – zieht er die Person, die den Text geschrieben hat, ganz nah an sich heran: »Ich frage mich, wie ich argumentieren wollte, wenn einer von meinen Söhnen so etwas geschrieben hätte.«[14]

Um den Inhalt von Kühnens Pamphlet überhaupt ertragen zu können, imaginiert sich Erich Fried diesen als geliebten Sohn, dem er als Vater noch die abwegigsten Gedanken nachsehen und die schlimmsten Verfehlungen verzeihen könnte. Zumindest dem eigenen Anspruch nach. Bereits in seinem Brief vom 18. Januar 1985[15] lässt Fried den inhaftierten Neonazi wissen: »Du bedeutest mir natürlich viel, auch dann wenn ich Dich nie von etwas überzeugen könnte. Das ist so, wie wenn ich einem von meinen Kindern sage: ›Das ist meine Meinung; tust Du aber das Gegenteil, so bedeutest Du mir noch genau so viel, und ich werde Dir immer noch zu helfen versuchen und für Dich da sein.‹«

Die Vater-Sohn-Projektion wird Fried dabei geholfen haben, über den zwischen ihm und dem Neonazi klaffenden politischen und moralischen Abgrund hinweg eine für den Gedankenaustausch tragfähige Brücke zu schlagen. Sein Gegenüber wiederum, dem es jederzeit freigestanden hätte, dieses Angebot als emotional übergriffig abzulehnen, nahm es an. Er akzeptierte die »Adoption« durch den viele Jahre älteren Schriftsteller und blieb diesem auch dann zugewandt, wenn sie in der Sache auf gar keinen gemeinsamen Nenner kommen konnten.

Volker Kaukoreit kann sich gut vorstellen, dass die Weichen für den Verlauf dieser Beziehung schon gestellt wurden, als Kühnen den Dichter im Anschluss an die »III nach 9«-Sendung an den Telefonhörer bekam. »Vielleicht hat Fried sich da verantwortlich gefühlt, war sein Vaterinstinkt geweckt worden.«[16] Damit kommt Kaukoreit der Natur von dessen Beziehung zu Kühnen wahrscheinlich sehr nahe. Erich Fried stellte sich den so viel Jüngeren als geliebten Sohn vor und dieser wiederum akzeptierte, dass der Ältere ihn auf diese Weise gleichsam adoptiert hatte.

ENGAGEMENT FÜR DEN INHAFTIERTEN

Fried beließ es nicht bei schönen Worten und bloßen Absichtserklärungen. Er setzte sich für den Häftling Kühnen ein. Dem davon sicher überraschten Anwalt des Neonazis bot er an, für dessen Mandanten als Leumundszeuge auszusagen, falls dies der Sache dienlich und von daher erwünscht sei. Kühnen stand wegen NS-Propaganda und der Verherrlichung Adolf Hitlers in Frankfurt vor Gericht. Fried hegte indessen eine grundsätzliche Abneigung gegen das Justizsystem und fand die Strafen, die gegen politische Häftlinge verhängt wurden, in der Regel viel zu hoch: zum Beispiel im Fall der RAF und des wegen zweifachen versuchten Mordes an Polizisten verurteilten linksradikalen Schriftstellers Peter Paul Zahl, aber eben auch Michael Kühnens. Dass ein junger Mann von 22 Jahren – so alt war der Neonazi, als er im Bückeburger Prozess verurteilt wurde – wegen der Verbreitung von Nazi-Propaganda vier Jahre einsitzen musste, empfand er als so unangemessen, dass er sich in dem darauf folgenden Prozess für Kühnen weit aus dem Fenster zu lehnen bereit war. Das zuständige Landgericht wies Frieds Angebot jedoch ab. Die Begründung: Für die Klärung der Frage, ob sich Kühnen der Verbreitung verfassungsfeindlicher Propaganda schuldig gemacht habe, sei die Aussage des Dichters bedeutungslos. Dessen ungeachtet setzte Fried sein Engagement in Sachen Kühnen hinter den Kulissen unverdrossen fort. Er besuchte den Inhaftierten auch im Gefängnis.[17] Am 16. Juni 1986 schreibt er an Kühnen: »Ganz gleich für wie verwirklichbar oder unverwirklichbar ich Dein Anliegen einer legalen Parteigründung halte (dass ich selbst dagegen bin, weißt Du, aber ich werde Dich nicht überzeugen können), halte ich es für ungerecht, dass auf Dich mehrere Prozesse und wohl möglich daher mehrere separate Strafen für ein und dieselbe Sache zukommen sollen. Wenn ich Dir also da helfen kann, will ich es gerne tun. Einen Brief an Amnesty International, Anfrage aus dem Büro London, ob ich Dich für einen Fall halte, für den sich Amnesty einsetzen soll, habe ich schon vor Wochen positiv beantwortet. (Ähnlich wie damals an Deinen Anwalt, schrieb ich, dass ich nicht mit Deinen Ansichten übereinstimme, aber glaube, dass es Gewissenssache bei Dir ist und dass Du durchaus ihre Hilfe verdienst.) Bitte schreibe mir, an welchen Anwalt, mit Telefonnummer, ich was schreiben müsste. Wenn es mir möglich ist, tue ich es.«[18]

KAMERADSCHAFT DES SCHMERZES

Die Begegnung von Erich Fried und Michael Kühnen wurde überschattet von einer existenziellen Erfahrung, die zu dieser Zeit beide Männer – jeder auf seine Weise – machen mussten. Beide waren sie sehr schwer erkrankt und mussten damit rechnen, in naher Zukunft zu versterben. Nicht allzu gewagt erscheint mir die Hypothese, dass die Einsicht in die eigene Vergänglichkeit und das Wissen, dass der jeweils andere einer ähnlichen Belastungsprobe ausgesetzt war, eine Empfindung der Gemeinsamkeit stifteten, welche die bereits vorhandene emotionale Bindung über die politischen und moralischen Gegensätze hinweg zusätzlich gestützt haben mag. Am 26. Juli 1985 schreibt Fried: »Lieber Michael, mein langes Schweigen hat mehrere Gründe, der wichtigste, dass ich krank bin und nun unmittelbar (ein bis zwei Stunden) vor einer Krebsoperation. Auch nach deren Gelingen bleibt meine Lebensspanne verkürzt, mein Zustand verändert.«[19] Drei Jahre zuvor hatte sich der Dichter schon einmal in London einer solchen Operation unterziehen müssen. Beide Male lag er anschließend mehrere Monate lang in einem Londoner Krankenhaus.

Kühnen wiederum erfuhr in dieser Zeit von seiner Infektion mit dem HI-Virus. »Auch ich habe«, antwortet er Fried am 20. September, »sehr Unerfreuliches über meinen Gesundheitszustand erfahren, so dass für mich die Zukunft sehr ungewiss geworden ist (bzw. ob ich eine habe und wie lange sie dauern mag).«[20] Was den schweren Verlauf von Frieds Erkrankung betrifft, zeigt er sich sehr erschüttert. »Umso mehr«, schreibt er sichtlich gerührt, »habe ich mich gefreut, dass Du in diesen schweren Stunden ausgerechnet an mich gedacht hast, der ich doch eigentlich nur ein recht entfernter Bekannter bin und in einer ganz anderen Welt lebe als Du.«[21] Auf das Thema seiner eigenen schweren Erkrankung kommt Kühnen in seinen nachfolgenden Briefen nicht mehr zurück. Doch ist davon auszugehen, dass er bei dem damaligen Wissensstand über den Verlauf von Aids-Erkrankungen und die noch kaum vorhandenen wirksamen Therapien nicht damit rechnete, noch viele Jahre vor sich zu haben. Fried, so ist zu vermuten, ging es ähnlich. Er wusste, dass der Hieb des Damoklesschwertes ihn jederzeit treffen konnte. Zwischen ihm und Kühnen lagen knapp 35 Jahre Altersunterschied, doch die Lebensspanne, die sie beide noch vor sich zu haben schienen, war auf ein vergleichbares Maß geschrumpft. Die Abstände zwischen ihren Briefen vergrößerten sich. Zugleich mögen sie sich jedoch im gegenseitigen Wissen um das Leiden des anderen in einer Art Kameradschaft des Schmerzes auf eine neue Weise nähergekommen sein.

Rund ein Jahr dauerte es, bis der Neonazi einen weiteren Brief von Erich Fried erhielt. In seinem Schreiben vom 16. Juni 1986 bittet der Dichter um Entschuldigung für sein lange währendes Verstummen; er habe aufgrund eines inzwischen korrigierten ärztlichen Befundes mit seinem baldigen Ableben gerechnet.[22] Doch schon ein Jahr später sind die Therapiemöglichkeiten weitgehend erschöpft: »Die Stelle, wo der Krebs jetzt sitzt«, schreibt er am 1. Juni 1987, »ist nicht mehr operabel, Bestrahlung geht auch nicht mehr, weil ich zuviel hatte. Chemotherapie und alternative Medizin sind hier schwache letzte Hoffnungen. Falls Chemotherapie funktioniert, kann ich noch zwei Jahre oder länger leben, wurde gesagt. Allerdings gibt's noch eine – vage – Hoffnung, eine Interferonplus-Transverenzia-Behandlung, die in Schweden und Kuba ausgebildet wurde. Normalerweise nur für Millionäre erschwinglich, aber als Dichter könnte ich sie vielleicht in Kuba unentgeltlich kriegen.«[23] Im seinem letzten Schreiben geht Kühnen noch einmal auf Frieds Erkrankung ein: »Ich wünsche Dir von Herzen alles Gute für Deine Gesundheit. Vielleicht helfen Dir ja die Kubaner – eher als die Schweden! Alles Gute! Michael«.[24]

ANGRIFFE AUS DEM EIGENEN LAGER

Beide Männer sahen sich wegen ihrer Beziehung einer mitunter scharfen Kritik aus den jeweils eigenen Reihen ausgesetzt. Auch diese Erfahrung war dazu geeignet, ein Gefühl der Gemeinsamkeit zu stiften. Besonders drastisch zeigte sich das Missfallen eines Teils der Neonazi-Szene an Kühnens Verhältnis zu Fried in einer auf den 27. Mai 1986 datierten Karikatur,[25] die alle Register zieht, um den inhaftierten Anführer als »tuntige Witzfigur« zu verunglimpfen, die auf Knaben steht, Frauen verachtet und dazu noch mit einem Juden fraternisiert. Die Zeichnung zeigt Kühnen in geblümtem Schlüpfer und Strapsen, zudem einen Button mit der Aufschrift »I love Röhm« an die Brust geheftet. Der Chef der von Kühnen verehrten SA war ein bekennender Homosexueller. »Ach du meine Güte! Eine Frau! Igitt, Pfui! Haltet mich Jungens, ich falle gleich in Ohnmacht!«, legt ihm eine Sprechblase in den Mund. Um den Hals trägt er eine Kette mit Davidstern, der als Geschenk Erich Frieds ausgewiesen wird.

Urheber dieser und einer ganzen Reihe von weiteren Karikaturen, die auf Szene-Treffen unter den Pseudonymen »Schmidt-Lausitz« und »Streicher« in Umlauf gebracht wurden, war der Ludwigshafener Chemie-Laborant Ernst Tag – hervorgetreten als »Führer« der rechtsradikalen »Grünen Aktion Deutschland« (GAD) und Gründer der »Aktion Sauberes Deutschland« (ASD). Der Mann hatte zwar große Ambitionen, vermochte aber nur wenige Anhänger um sich zu scharen. Die ausgesprochen schwulenfeindliche und antisemitische Stoßrichtung seiner Attacken konnte dessen ungeachtet mit einer gewissen Resonanz in einer Szene rechnen, in der sich entsprechende Ressentiments einer kaum nachlassenden Beliebtheit erfreuten. Nicht nur Juden, auch Homosexuelle waren für viele Neonazis nach wie vor ein rotes Tuch. Die sich in den Jahren seiner Haft seit 1985 verdichtenden Angriffe einer Gruppe um den ehemaligen Kühnen-Stellvertreter Jürgen Mosler hängten sich vor allem an Gerüchten über Kühnens sexuelle Orientierung und an dessen Beharren auf einer prinzipiellen Vereinbarkeit von Homosexualität und Nationalsozialismus auf. Insofern kamen der Szene Karikaturen dieser Art sehr gelegen. Infolge der gegen ihn lancierten Kampagne erklärte Kühnen am 1. September 1986 gemeinsam mit einigen engeren Mitstreitern seinen Austritt aus der Gesinnungsgemeinschaft der Neuen Front (GdNF), die neben der FAP[26] das wichtigste Auffangbecken für Mitglieder der seit Ende 1983 verbotenen Aktionsfront Nationaler Sozialisten/Nationale Aktivisten (ANS/NA) geworden war.

Spuren hinterließen die Anwürfe rechter Kühnen-Kritiker auch in der Korrespondenz mit Erich Fried. Schon in seinem Eröffnungsbrief vom 27. Dezember 1984 vermerkt Kühnen, der von Frieds Angebot, vor Gericht zu seinen Gunsten auszusagen, gerührt ist, eine Attacke der

Zeitschrift *Diagnosen*. Das katholischen Traditionalisten nahestehende – und offenbar deutlich antisemitische – Blatt habe ihm vorgeworfen, ein Werkzeug der »überstaatlichen Mächte« zu sein, da er in Kontakt zu dem »Juden Erich Fried« stünde.[27] Auch Fried sieht sich von Seiten der Presse, aber auch von verständnislosen Freunden und Genossen unter Beschuss genommen, als sein Engagement für Kühnen bekannt wird. »Das ist wieder mal typisch für ihn. Jetzt ist Erich mal wieder richtig durchgeknallt«,[28] soll Klaus Wagenbach in etwa gesagt haben, der dem Vorgang allerdings verhältnismäßig wenig Bedeutung beimaß. Er wusste, dass sein Autor – wenn er es für geboten hielt – wenig Hemmungen hatte, gegen die im eigenen Milieu übliche Etikette im Umgang mit politischen Gegnern zu verstoßen. In den 1970er Jahren hatte der Verleger während einer Veranstaltung fassungslos erlebt, wie dieser »nicht umhin konnte, auf den in der alt- wie neulinken Szene verschrienen ›Renegaten‹ William S. Schlamm hinzustürmen und ihn zu umarmen.« Aus dem Redakteur des Wiener KPÖ-Blatts *Rote Fahne* war ein glühender Anti-Kommunist geworden, den Axel Springer als Kommentator für *Die Welt* gewonnen hatte. Das wird auch Fried nicht gefallen haben, aber immerhin blieben die gemeinsame Verfolgungs- und Emigrationsgeschichte sowie die Gegnerschaft zu alten und neuen Nazis.

Dass Fried sich nun ausgerechnet für einen Jungfaschisten und Holocaustleugner einsetzte, war eine Nachricht, die Personen aus seinem persönlichen Umfeld irritierte und von ihm weniger wohlgesonnenen Zeitgenossen zum Anlass für Distanzierungen und Angriffe genommen wurde. »Freunde reden auf ihn ein, ungläubige Leser fragen besorgt beim Verlag an, befreundete Literaturkritiker lassen sich bestätigen, was sie da in der Zeitung gelesen haben, Bremer Gewerkschafter schicken empört ihren soeben erhaltenen Kalender für den Frieden 1984 zurück an den Verlag. Die Frankfurter Allgemeine Zeitung zählt ihn zeitweise zu den ›Neu-Nazis‹ und auch politische Wegbegleiter wenden sich ab.«[29]

Der fragliche Artikel, der am 15. Dezember 1984 im Stadtzeitungs-Teil des Blatts erschien, berichtet über die gerichtliche Zurückweisung von Frieds Angebot einer Zeugenaussage zugunsten Kühnens, nimmt in der Hauptsache aber das nach Ansicht des Berichterstatters unbeholfene Agieren des Gerichts aufs Korn: »Als Freitag der beisitzende Richter, Ulrich Fidora, aus früheren Bekenntnissen Kühnens vorlas und das so engagiert und mit soviel Gespür für Sportpalast-Reden, musste man befürchten, Kühnen werde mit offenem Mund auf den Richter starrend gleich vor Begeisterung über seinen eigenen Text in Heilrufe ausbrechen [...] Bisher ist der Prozess«, resümierte die *FAZ*, »wie zu befürchten war, nur als ein besseres Schulungsseminar für Neonazis gelaufen.«

Was Frieds Rechtsanwalt Kurt Groenwold zu einer Intervention veranlasste, war die zweite Überschrift des Artikels, die da lautet: »Gericht lehnt Anträge des Neu-Nazis Fried ab«. In einem Telex-Schreiben vom 19. Dezember 1984 bittet der Anwalt den *FAZ*-Mitherausgeber Bruno Dechamps um eine Richtigstellung: »Ich habe kaum meinen Augen getraut, gerade Ihre Zeitung hat mehrfach ausführlich über Erich Fried berichtet und nicht in diesem Sinne. Erich Fried hat mir seinen Brief an den Anwalt von Kühnen vorgelesen. Er liegt Ihnen bzw. Ihrem Berichterstatter sicherlich vor, sonst übersende ich Ihnen diesen. Fried hat darin deutlich seine Ansichten ausgebreitet und auf die schädlichen Ansichten von Kühnen hingewiesen, aber wohl gesagt, er sei nicht unbelehrbar und zu beeindrucken. Ich bitte Sie, eine Korrektur der Kennzeichnung von Fried durch die Redaktion vorzunehmen. Eine Gegendarstellung oder Unterlassungserklärung«, beendet der Anwalt sein Schreiben, »kann ich erst fordern, wenn ich Erich Fried den Artikel zugesandt habe und er mir seinen Brief. Deshalb ist dies noch kein juristischer Schritt, sondern eine Bitte an Sie als den für die Stadtzeitung verantwortlichen Herausgeber.«[30]

Die zahlreichen, teils heftigen Anwürfe insbesondere von Personen, die er als politische Kampfgefährten sah, werden Fried emotional nicht kalt gelassen haben. »Wie sehr ich angegriffen wurde, kannst Du Dir denken«,[31] schreibt er am 10. Januar 1985 an Kühnen – worauf dieser ihm den folgenden Vorschlag macht: »Wenn Du von Freunden angegriffen wirst, dann fordere sie doch einfach auf, mit mir selber Kontakt aufzunehmen und sich mit mir persönlich auseinanderzusetzen statt mit dem öffentlichen Zerrbild, das von mir gezeichnet wird. Du kannst denen meine Haftadresse ruhig geben. Ich habe es nicht nötig, vor Argumenten zu kneifen.«[32] Zu einem richtigen Skandal wurden Frieds Aktivitäten zugunsten des Gefangenen damals nicht – auch wenn der Journalist Henryk M. Broder die Kühnen-Episode in einem *Spiegel*-Artikel des Frühjahres 1987 unter dem Titel »Trauerarbeit vom lyrischen Fließband« noch einmal als wichtigen Baustein für eine äußerst polemische Generalabrechnung mit dem Dichter nutzen sollte. Dieser sei ein dem Zeitgeist verpflichteter und deutlich überschätzter Autor politischer Gebrauchslyrik, der die Deutschen von ihrem schlechten Gewissen wegen des Holocausts entlaste.

POLITISCHE SOLDATEN

»Ich bin«, sagt der Mann, der Ende Mai 2018 mit einem Becher Kaffee in der Hand vor der Filiale einer Backstubenkette im nordostdeutschen Parchim sitzt, »noch von jemandem ausgebildet worden, der wusste, was es heißt, ein Soldat zu sein. Wissen Sie, was das bedeutet?« Ohne die Antwort lange abzuwarten, fährt er fort: »Es geht nicht darum, töten zu können.« Worum dann? »Worauf es ankommt, ist die Bereitschaft zu sterben, wenn es von einem verlangt wird.«

Dem Mann eilt der Ruf voraus, gewaltbereit zu sein. Für seine Handlungen in der Vergangenheit trifft das sicher zu. Sein Name ist Christian Worch.[1] Um sich entsprechend in Stimmung zu bringen, sagt er, habe er sich seinerzeit zwei- oder dreimal den Film »Uhrwerk Orange« von Stanley Kubrick angeschaut. Aber das ist schon lange her. Damals war der auch heute noch aktive Neonazi ein enger Mitstreiter von Michael Kühnen. Der Anfangsechzigjährige mit angegrauter Kurzhaarfrisur trägt ein T-Shirt und halblange löchrige Jeans. Es ist brütend heiß. Auf alten Fotos, die ihn zusammen mit Kameraden zeigen, ist er besser gekleidet: Sakko und ein schmaler Schlips scheinen damals fester Bestandteil seines Outfits gewesen zu sein. Als politischer Kader war er für die Sicherheit bei Veranstaltungen zuständig und leitete Wehrsportübungen. Berüchtigt war der von ihm gepflegte Kommandoton. Er sei einer der schlimmsten Schleifer gewesen, erinnerte sich ein Zeitzeuge. Seine Stimme, befand ein anderer, habe scheinbar aus Aluminium bestanden.

EIN KRIEGSVERBRECHER ALS LEHRMEISTER

Gelernt hatte er das militärische Handwerk bei einem Mann namens Gerrit Et Wolsink. Der 1924 geborene Niederländer kämpfte als Wehrmachtsfreiwilliger bei der für ihre Kriegsverbrechen an der Zivilbevölkerung berüchtigten Division Brandenburg. Die Angehörigen dieser Eliteeinheit verübten als irreguläre Kämpfer Sabotageakte hinter den feindlichen Linien. Nach dem Krieg wurde er Mitglied einer geheimen Kommandoeinheit der Nato, einer »Stay-Behind«-Truppe, die im Ernstfall hinter dem Eisernen Vorhang hätte Sabotage-Akte verüben sollen, um die Nahrungsmittelversorgung in der Sowjetunion zu unterbrechen.

Später leitete der überzeugte Nazi den niederländischen Zweig der Aktionsfront Nationaler Sozialisten (ANS) und pflegte als dortiger Verbindungsmann der NSDAP-AO ein Kontaktnetz, das sich über Deutschland, England, Südamerika und Südafrika bis nach Australien erstreckte. Was Worch erzählt, scheint so gar nicht in die friedliche Atmosphäre des beschaulichen Parchim zu passen. Ein paar Tage vor meinem Treffen mit ihm sind dort zwei Gartenlaubeneinbrecher auf frischer Tat ertappt worden, meldet die örtliche Wochenzeitung – ein »Kriminalfall«, bei dem sich die Gewalt deutlich in Grenzen hält. Auch die Vergnügungen, die der 18 000-Einwohner-Ort zu bieten hat, sind überschaubar. Bunte Flyer laden in die Stadthalle zu einer »musikalischen Reise von den Weltmeeren bis in's Egerland«. Die Stars des Abends sind: Ronny Weiland, die Hainich Musikanten sowie Captain Cook & seine singenden Saxophone.

Auch der politische Soldat Christian Worch hat eine zivile Seite. Sein Geld verdient er nämlich als Taxifahrer. Und das ist, wie er unterstreicht, für ihn nicht bloß eine Pflichtübung. Er mache diesen Job gerne, weil er dabei auch hilfsbedürftige Menschen unterstützen könne. Oft und gerne übernimmt er den Transport von Kranken und Alten. Was er dabei nach und nach über die Missstände im deutschen Pflegesystem mitbekommen hat, macht ihn zornig. Als er sich darüber empört, wie man im reichen Deutschland mit gebrechlichen alten Menschen umgeht, wirkt er für einen Augenblick fast sympathisch. Auch ein Neonazi, betonte Fried, sei ein Mensch, der nicht einzig und allein auf seine verwerflichen Ansichten und Taten reduziert werden sollte.

GEFÄHRLICHES NETZWERK

In Michael Schmidts Buch-Reportage »Heute gehört uns die Straße …« aus dem Jahr 1993 über die international vernetzte Neonazi-Szene ist Christian Worch ein wichtiger Akteur. Dem Dokumentarfilmer war es gelungen, das Vertrauen Michael Kühnens und einiger seiner Kameraden zu gewinnen und zwischen 1989 und 1991 eine

Menge Bildmaterial sowie aufschlussreiche Originaltöne aus der Szene des gewaltbereiten Rechtsextremismus zusammenzutragen. Dabei entstanden die knapp einstündige Filmreportage »Wahrheit macht frei« und das bereits genannte Buch. Worch erscheint darin als schwarzhaariger schlanker Mann, der dem Filmemacher beim dritten Rudolf-Hess-Gedenkmarsch im August 1989 zum ersten Mal begegnet und der ihm danach immer wieder vor die Linse seiner Kamera gerät: bei einer Kundgebung mit 500 Neonazis am 20. Oktober 1990 vor der Dresdner Semperoper oder beim vertraulichen Gespräch mit dem britischen Historiker und Holocaust-Leugner David Irving. Worch ist damals Kontaktmann zur NSDAP-AO. Die Kühnen-Truppe und das sie tragende Milieu schildert Schmidt als militant und äußerst gefährlich. Der Journalist, sagt Worch, habe damals tiefe Einblicke in ihre Strukturen bekommen und sei einer der ganz wenigen gewesen, der begriff, mit wem er es zu tun hatte. Offensichtlich bestätigt der Dokumentarfilmer das Bild, das Worch von sich selbst hat: Falsch ist es deswegen nicht. Ende der siebziger Jahre lernte der Hamburger Rechtsradikale den fast gleichaltrigen Kühnen kennen. Der sei damals 1,83 groß gewesen, ein bisschen der mediterrane Typ, für seine jungen Jahre vergleichsweise breitschultrig. Bei körperlichen Konfrontationen mit dem politischen Gegner habe er gut mithalten können. Er neigte zeitweilig zu leichtem Übergewicht. Auf manchen Fotos wirkt er eher zartgliedrig und zerbrechlich. Aufnahmen, die Kühnen so zeigen, erläutert Worch, stammten alle aus der Zeit, als dieser bereits an Aids erkrankt war und an Auszehrung litt. Als er schließlich starb, wog Kühnen nur noch 50 Kilo. Gegenüber seinem politischen

Vertrauten Worch äußerte er die Vermutung, sich in Paris angesteckt zu haben.

KÜHNENS CHARISMA

Als die von ihm gegründete Aktionsfront Nationaler Sozialisten Ende 1983 durch den Bundesinnenminister verboten wurde, setzte sich Kühnen nach Frankreich ab, wo man ihn aber schon wenige Monate später verhaftete und unverzüglich an die deutschen Behörden auslieferte. Die ersten, noch unspezifischen Symptome der Krankheit zeigten sich etwa vier Jahre nach der Infektion. So litt Kühnen unter einer sehr hartnäckigen Bronchitis, bei der es sich tatsächlich bereits um eine Lungenentzündung handelte. Bei seinen öffentlichen Auftritten verbarg er, wie stark angeschlagen seine Gesundheit war.

Oft wird er als eine charismatische Gestalt beschrieben. Woher rührte diese Ausstrahlung? Worch meint, sie wurzelte in dessen vollkommener Angstfreiheit. Um sein persönliches Schicksal, etwaige Haftstrafen, aber auch um seine körperliche Unversehrtheit sei er anfangs überhaupt nicht besorgt gewesen. Diese Veranlagung habe ihn in die Lage versetzt, ganz unbefangen und positiv auf Menschen zuzugehen. Seine offene, begrüßende Haltung sei gänzlich frei von aggressiven oder defensiven Untertönen gewesen, weshalb er bei seinem jeweiligen Gegenüber auch keine Aggressionen provozierte. Seine Offenheit habe während der Haftzeit allerdings gelitten. Im Gefängnis, so Worch, habe Kühnen etwas verloren, was man Urvertrauen nennen könne. So wie er über seinen verstorbenen politischen Weggefährten erzählt, könnte man meinen, dass sie sich nahegestanden haben. Waren sie damals befreundet? Worch zögert einen Moment lang. Dafür habe ein ganz klein bisschen was gefehlt. Bei aller politischen Gemeinsamkeit gab es eine ganze Reihe von Fragen, in denen sie grundlegend unterschiedlicher Meinung waren. Während er, Worch, beispielsweise die Auffassung vertrat, dass die Menschheit zu mehr als der Hälfte aus Frauen bestehe und deren notwendiger Mitbestimmungsanteil daher mindestens die Hälfte betragen müsse, ließ sich die Ansicht des in einem katholischen Internatsgymnasium erzogenen Kühnen mit einem Satz zusammenfassen: Die Frau hat in der Kirche und der Gemeinde zu schweigen.

»ICH HABE PROPAGANDA IMMER MINIMALISTISCH GESEHEN.«

Der Begegnung von Kühnen und Fried habe er damals keine große Bedeutung beigemessen. Das macht Worch in einem Gespräch deutlich, das hier im Wortlaut wiedergegeben wird.

Haben Sie die »III nach 9«-Sendung, in der die beiden hätten aufeinandertreffen sollen, eigentlich gesehen?

Christian Worch: Nein. Mich haben solche Sendungen damals nicht interessiert. Ich habe die Quintessenz zur Kenntnis genommen: Kühnen wurde ein- und dann wieder ausgeladen. Fried hat sich verständlicherweise darüber echauffiert, dass Kühnen ausgeladen wurde. Und das war es dann.

Aber die bloße Ankündigung der Sendung hatte für Ihre Kreise doch schon etwas Sensationelles. Zum ersten Mal hätte Kühnen die Möglichkeit gehabt, einem Millionenpublikum die Sichtweise Ihrer politischen Gruppierung zu vermitteln.

Christian Worch: Das ist richtig. Aber ich habe Propaganda immer minimalistisch gesehen. Inhalte sind gar nicht so wichtig. Die Wirkung war durch die Ausladung Kühnens vielleicht sogar noch größer, als wenn es zu einer fairen, sachlichen und vielleicht konstruktiven Diskussion gekommen wäre.

Ihr Kamerad Thomas Brehl scheint sich von der Begegnung so etwas wie eine geschichtsrevisionistische Wende versprochen zu haben. Wurde in Ihren Kreisen tatsächlich so darüber gesprochen?

Christian Worch: Das Interesse an diesem Thema war bei uns immer gering. Das wird häufig falsch eingeschätzt, weil wir ja teilweise eindeutig revisionistische Propaganda gemacht haben. Die Eselsaktion und dergleichen. Ich sage dazu mal Folgendes: Das war eine Gefälligkeitsarbeit für Erwin Schönborn vom Kampfbund deutscher Soldaten. Das war so eine Art Salut an die Kriegsgeneration. Uns selber hat das Thema gar nicht so stark interessiert. Ich bin Jahrgang 1956, zum Zeitpunkt der Eselsaktion war ich etwa 21 Jahre alt. Ich war bei den Jungen Nationaldemokraten, bevor ich mich dann umorientiert hatte. Ich fand das nicht uninteressant, aber es war für mich von marginaler Bedeutung, spielte im Grunde keine Rolle. Meine Weltanschauung hatte sich völlig unabhängig von der Frage entwickelt, ob und in welchem Umfang es damals Gräueltaten, eine Massenvernichtung und ähnliches gegeben hatte. Ich sehe das ganz nüchtern. Gräueltaten geschehen in der Geschichte nun mal. Wenn ich Kommunist oder Sozialist geworden wäre, hätten mich wahrscheinlich auch der Mord an den Kulaken oder die Verbrechen Stalins nicht sehr stark interessiert. Man kann Gräueltaten sicher nicht dadurch verhindern, dass man eine Denkrichtung unterbindet, denn dann werden sie von der anderen Denkrichtung verübt.

Im Gespräch zwischen Fried und Kühnen hingegen spielt das Thema der Massenvernichtung europäischer Juden eine wichtige Rolle.

Christian Worch: Ich kann nachvollziehen, dass das in diesem Kontext ein zentrales Gesprächsthema war. Ich versuche mir das immer von der anderen Seite her vorzustellen. Also A, ich wäre Jude, und B, ich wäre davon überzeugt, dass diese Verbrechen stattgefunden haben. Dann wäre das für mich ein zentraler Punkt meiner Rassenerinnerung: »Ihr habt damals fünf oder sechs Millionen von uns getötet, und zwar systematisch. Ihr wolltet uns vom Antlitz der Erde löschen.« Ich bin in dieser Frage relativ flexibel. Vor zwanzig Jahren hat meine damalige Freundin – eine Zivilistin, das heißt, sie war politisch nicht interessiert – im *Spiegel* eine Äußerung von Gaddafi gelesen und sprach mich darauf an: »Wäre das nicht für euch ein Bündnispartner?« Ich habe daraufhin ganz spontan und knochentrocken gesagt: »Ich habe nicht die Absicht, mich mit hundert Millionen Arabern gegen fünf Millionen Israelis zu verbünden, wenn ich die Option habe, mir offenzuhalten, mich morgen mit fünf Millionen Israelis gegen hundert Millionen Araber zu verbünden.« Und wenn ich mir so anschaue, was in den letzten zwanzig Jahren passiert ist, dann sehe ich die Israelis eher als Bündnispartner als die Araber. Wenn die Israelis sich erst mal entschieden haben, dann sind sie sehr verlässliche, kompetente Bündnispartner.

ANTISEMITISCHES VERSCHWÖRUNGSDENKEN

Bereits in seinem 1974 erschienenen Gedichtband »Höre, Israel!« hatte Erich Fried eine heftige Kritik an der Politik der israelischen Regierung formuliert, die er 1983 in der »III nach 9«-Sendung noch einmal bekräftigte. »Als ich 1967 gegen das, was die Zionisten den Palästinensern antun, protestiert hab', war es ein großer Skandal und ich musste ein ganz blöder Extremist sein«, antwortet er auf die Frage Günter Nennings, ob er so etwas wie eine literarische Skandalnudel sei. Inzwischen hätten viele Leute gesehen, dass er nur etwas besser informiert gewesen sei. Dass diese nun für die Araber sind, das hätten »auch der Begin gemacht mit seinen Verbrechen und der Sharon«.

Diese negative Bewertung der israelischen Politiker Menachim Begin und Ariel Sharon durch einen Holocaust-Überlebenden wird Kühnen sicher gefallen haben. Aber auch hier ist die Übereinstimmung geringer, als es bei oberflächlicher Betrachtung den Anschein haben mag. Denn während es Fried um eine Kritik konkreter Entscheidungen der aufgrund ihrer Politik von ihm wenig geschätzten Führung des israelischen Staates ging, nährte sich Kühnens Haltung von einem ausgeprägten Antisemitismus, den er allerdings nicht rassenbiologisch begründete.

»Ich sehe das Judenproblem«, erläutert er Fried am 30. Juni 1986 seine Position, »als ein philosophisches und ein machtpolitisches, d. h. ich halte jüdisches Denken (Stichworte: Paulus, Marx, Freud) für verhängnisvoll und verderblich in der europäischen Geistesgeschichte und will es überwinden, und ich bekämpfe die zionistische Anmaßung, sich in die Angelegenheit anderer Völker einzumischen und sie letztlich beherrschen zu wollen.«[1]

»ZERSETZENDER EINFLUSS«

Hier finden sich gleich zwei wesentliche Elemente des modernen Antisemitismus wieder: die verschwörungsideologische Vorstellung, dass die Juden bestrebt seien, sich als Herrscher über andere Völker zu erheben, und die, dass es ein typisches jüdisches Denken gäbe, welches einen zersetzenden Einfluss auf alles habe, was in der Geistesgeschichte gut und wertvoll sei. Er lehne nicht pauschal ab, was Juden schreiben, gibt Kühnen dem Dichter bereits in einem Brief vom 23. Mai 1985 zu verstehen, sondern lediglich das, »was für jüdisches Denken typisch« sei.[2] Dazu zählt er »das Alte Testament mit seinem Hass und seinen ewigen Verfluchungen«, zudem Marx, »für den der Mensch nur das Produkt gesellschaftlicher Umwandlungsprozesse« sei, sowie Freud, »der den Menschen nicht aus seinen höchsten Möglichkeiten, sondern aus seinen erbärmlichsten Instinkten erklären will«. All das hält er für das vermeintlich dogmatische und materialistische – im Unterschied zu einem an hehren Idealen orientierten – Denken einer Gruppe von Hohepriestern, welche »die Schönheit der Vielfalt zerstörend und leugnend« das Projekt einer »Weltherrschaft über eine breiige, gleiche Masse« betrieben.[3] Allerdings verdammt Kühnen nicht jeden jüdischen Denker: »Es gab auch einen Spinoza, der Jude war. Ich lehne ihn nicht ab, weil er eben – trotz jüdischer Abstammung – kein jüdisches Gedankengut vertrat, sondern im Gegenteil aus der jüdischen Gemeinde ausgeschlossen und geächtet wurde.«

Bei all dem handelt es sich zweifelsohne um die Küchenphilosophie eines Faschisten, der sich einer abstrusen, menschenfeindlichen Ideologie verschrieben hat, ohne dabei das Denken ganz aufgeben zu wollen. Vor dem Hintergrund seiner selbstgestrickten Theorie vermag er, seine Freundschaft zu Erich Fried vor sich und anderen zu rechtfertigen, ohne dabei mit den eigenen antisemitischen Überzeugungen in Widerspruch zu geraten. Indem er zwischen jüdischen Personen und »typisch jüdischem Denken« unterschied, fand Kühnen eine Möglichkeit, sich auch Erich Fried als jemanden vorzustellen, der kein Vertreter jüdischen Denkens sei, sondern im Grunde genommen ein undogmatischer, idealistischer Kopf, wie er selbst einer zu sein glaubte. Erleichtert wurde ihm diese Haltung dadurch, dass er kein Anhänger eines biologisch begründeten Rassismus war. Er sei, so heißt es in dem erwähnten Brief vom Juni 1986, »kein Rassenantisemit« und wolle »weder eine Judenverfolgung noch gar eine Judenausrottung und lehne niemanden nur deshalb ab, weil er Jude ist«.[4]

Doch auch sein eigener Lösungsvorschlag für das von

ihm so bezeichnete »Judenproblem« wäre im Falle seiner Realisierung für die betroffenen Menschen mit enormem Leid verbunden gewesen – auch wenn er nicht auf deren physische Vernichtung zielte. »Wir sind gegen die Ansiedlung geschlossener jüdischer Minderheiten in anderen Völkern und gegen den Judenstaat in Palästina und fordern einen autonomen jüdischen Staat als Heimstatt des jüdischen Volkes auf dem Territorium der USA, wo ohnehin schon die meisten Juden leben.«[5] Dieses »Kolumbus-Plan« genannte Vorhaben ist äußerst gewaltsam und zudem widersprüchlich – es sieht ja genau das vor, gegen das er sich angeblich richtet: die Ansiedlung einer geschlossenen jüdischen Minderheit auf dem Staatsgebiet eines anderen Volkes. Mit Umsiedlungsplänen hatte auch die Vernichtungspolitik des Nazi-Regimes begonnen. In letzter Konsequenz laufen Kühnens Deportationsfantasien, wollte sie jemand tatsächlich realpolitisch umzusetzen versuchen, ebenfalls auf ein furchtbares Massenelend aus Entrechtung, Krieg und Vertreibung hinaus.

JUDENFEINDLICHE ANGRIFFE

Die Inhaftierung des prominenten Neonazis wurde von antisemitischen Hetzern zum Vorwand genommen, jüdische Mitbürger zu bedrohen. Mit dem Vermerk »Freiheit für Michael Kühnen«, schreibt Fried an den Freund, hätten eine ihm persönlich bekannte Literatin mit kleinem Kind sowie weitere Personen die Aufforderung erhalten, »sich bis zum 20. April, Hitlers Geburtstag, aus Deutschland fortzumachen, da sie sonst liquidiert werden, da jetzt die Judenliquidierung fortgesetzt wird. Aus

Angst um ihr Kind hat die Frau Deutschland wirklich ein paar Wochen lang verlassen.«[6] Die naheliegende Idee, dass Kühnen selbst dahinterstecken könnte, scheint Fried für abwegig gehalten zu haben. »Ich bin überzeugt«, fährt er fort, »Du hast damit nichts zu tun, habe das auch an Amnesty geschrieben. Aber vielleicht solltest Du Dich von so einer Aktion distanzieren.« Kühnen wiederum ist es wichtig, Fried gegenüber seine Ablehnung der Aktion zum Ausdruck zu bringen. Offenbar möchte er nicht, dass das positive Bild, welches sich dieser von der charakterlichen Integrität seiner Person gemacht hatte, Risse bekommt. »Weder meine Organisation noch gar ich selber«, versichert er dem Dichter, »haben damit etwas zu tun. Hinter solchen Aktivitäten steht niemals eine Organisation, sondern immer ein Einzelgänger oder irgendeine Kleingruppe, die unkontrolliert herumschwirrt.«[7] Im Übrigen sei es ja auch widersinnig, wenn »dieselben organisierten Nationalsozialisten«, die den Holocaust bestritten, sich damit brüsteten und drohten, Judenverfolgung und Judenmord »fortzusetzen«. Es müsse sich, so die Version Kühnens, um »irgendwelche Idioten« handeln, um junge Leute, die sich aus Abscheu gegenüber dem gegenwärtigen System mit dem identifizierten, was die Gegner des Nationalsozialismus diesem fälschlicherweise vorwürfen. Sein Name sei dafür lediglich der Aufhänger.

Fried belastete der Gedanke, dass ihm der Freund nicht glauben könnte, dass seine Großmutter durch die Faschisten ermordet worden sei. Sie war im Laufe des Jahres 1938 völlig erblindet, blieb deshalb, als er nach London emigrierte, in Wien zurück, wurde 1942 deportiert und im Jahr darauf in Auschwitz umgebracht.[8] Fried schreibt: »Dein Hin- und Herschwanken im Lauf der Zeit, seit ich Dich zuerst traf, ob Du glauben sollst, dass meine Großmutter wirklich vergast worden ist, oder nicht, bedeutet für mich eine Qual. Ich versuche es zu verstehen, ich kannte doch auch genug subjektiv ehrliche Kommunisten, für die es unerträglich war, sich die Untaten Stalins zuzugeben, einige haben sich leider sogar umgebracht, als sie es erkannten. Aber versetze Dich mal in meine Lage. Da Du Deine Großmutter doch auch besonders gern hattest, ist das doch nicht so ganz unmöglich und, Michael, glaube mir, das Beweismaterial ist unumstößlich, ganz unabhängig davon, ob Zionisten daraus Kapital für ihr eigenes Unrecht schlagen.«[9] Der Dichter hält dem Neonazi vor, in einem seiner Briefe die »Endlösung als Folge des SS-Dogmatismus ausdrücklich erwähnt und verurteilt«,[10] dann aber den Gedanken an eine Massenvernichtung zurückgewiesen zu haben.

Aber Kühnen korrigiert ihn: »Ich habe sicherlich geschrieben, dass ich die ›Endlösung‹ selbstverständlich ablehnen würde, wenn sie sich – wie behauptet – abgespielt hätte. Das bedeutet aber nicht, dass ich daran glaube.«[11] Zwar beteuert der Neonazi, Fried zu glauben, dass dessen Angehörige in Auschwitz umgekommen sind. Er halte es »für möglich – und schlimm genug –, dass sie dort ermordet wurden«. Dass dies jedoch im

Zusammenhang mit einem systematischen Völkermordprogramm geschah, dem sechs Millionen Menschen zum Opfer fielen, will er nicht wahrhaben. Berichte über die Massenvergasung von Juden in Konzentrationslagern sind für ihn eine Propagandalüge, die den Siegermächten dazu dient, Deutschland zu kolonisieren und zu demütigen.[12] Fried kann sich damit nicht abfinden. »Allein was in Belsen vorging«, schreibt er dem Holocaustleugner am 23. Juli 1986, »sollte Dir die Augen öffnen.«[13]

ZUM MUTTERTAG

Die Auseinandersetzung mit Kühnen, meint Kaukoreit, sei eine große Herausforderung für Fried gewesen. Er habe dafür sein ganzes geschichtliches Wissen und seine Moral auspacken müssen und dafür eine Engelsgeduld aufgebracht.[14] Als eine ungeheure Zumutung wird er das Gedicht zum Muttertag empfunden haben, das Kühnen ihm am 23. Mai 1985 zusandte. Dabei nehmen sich die – wiewohl ziemlich kitschigen Verse – zunächst ganz harmlos aus.

Wenn deine Mutter alt geworden,/und älter du geworden bist,/wenn ihr, was früher leicht und mühelos,/nunmehr zur Last geworden ist,/wenn ihre müdgewordenen Füße sie nicht mehr/tragen wollen beim Gehen, beginnt das Gedicht: dann reiche ihr den Arm zur Stütze,/geleite sie mit froher Lust.

Bereits das Stück Papier, auf das diese Verse von Kühnen maschinenschriftlich notiert worden waren, hätte Fried – ansonsten sicherlich ein Befürworter der Wiederverwendung von Altpapier – als einen Affront verstehen können. Denn es handelt sich um die Rückseite des Fragments eines politischen Flugblatts der neonazistischen Deutschen Frauenfront (DFF), Gau Niedersachsen, das mit der bei Rechtsextremen jeder Couleur bis heute beliebten Parole endet: »Deutschland den Deutschen – Ausländer raus!!!«

Die noch größere Geschmacklosigkeit besteht allerdings darin, dass es sich beim Autor der zitierten Verse um niemand anderen als um Adolf Hitler höchstpersönlich handelt. Das hätte Fried als Herabsetzung oder Kampfansage auffassen können. Wollte Kühnen den Überlebenden des Holocaust, der viele Verwandte und Freunde durch den Nazi-Terror verloren hatte, hiermit am Ende doch provozieren oder sogar demütigen? Stünde dieser Brief für sich, läge eine solche Interpretation durchaus nahe. Stellt man jedoch in Rechnung, wie zugewandt und offen der von Kühnen gegenüber Fried angestimmte Ton die gesamte Korrespondenz hindurch bleibt, erweist sich der Gedanke, er habe den Dichter hier angreifen oder verletzen wollen, als nicht sehr wahrscheinlich. Fried war für ihn niemand, den er demütigen oder in irgendeiner Weise kränken wollte. Er sah ihn als eine Art väterlichen Freund, mit dem er vieles gemeinsam hatte, obwohl dieser Jude war und politisch auf der anderen Seite stand. Worum ging es ihm also?

Offenbar wollte er den Dichter von dem schlechten Eindruck abbringen, den sich dieser von seinem glühend verehrten Führer gemacht hatte. Darauf deutet auch die handschriftliche Notiz, die Kühnen dem Gedicht hinzufügte: »Ist ein Mann ›böse‹, der so schreiben und fühlen kann?!«[15] Für einen Mann, der politische Zusammenhänge mit dem kalten und nüchternen Blick eines Realisten zu betrachten glaubte, ist das eine denkbar naive, ja, fast kindlich anmutende Äußerung – Ausdruck von Kühnens fanatischer Hitler-Schwärmerei. Es sind solche Passagen in dem Briefwechsel, die den Neonazi einem Außenstehenden als politisch und moralisch unzurechnungsfähig erscheinen lassen.

Stünden sie alleine, wäre es noch unverständlicher, dass sich Fried auf einen Austausch mit ihm überhaupt eingelassen hatte. Doch finden sich in Kühnens Ausführungen auch immer wieder Momente intellektueller Klarheit. Etwa dann, wenn sich der Neonazi Gedanken über die dem menschlichen Geist innewohnende Tendenz zur Bildung von Stereotypen macht: »Angesichts der oft unüberschaubaren Komplexität einer Lebenssituation und auch des Lebens schlechthin, flüchtet sich der menschliche Geist gern in ein Dogma, um etwas Ruhe zu finden, um nicht dauernd weiterlernen, umdeuten und weiterentwickeln zu müssen. Jeder, der versucht, sich gründlich über etwas klar zu werden, bedarf dazu geistiger ›Hypothesen‹, dringt auf Synthese, auf ein geschlossenes Weltbild. Das allein«, so Kühnen weiter, »ist nichts Schlimmes.« Schlimm werde es erst dann, wenn eine solche Hypothese sich zum Dogma verfestige und dann auch durch Tatsachen nicht mehr korrigierbar sei. Er selbst sei hingegen bereit, auf Argumente zu hören und seine Überzeugungen zu korrigieren, wenn Tatsachen sie widerlegten. Es mögen nicht zuletzt Darlegungen wie diese gewesen sein, die Fried an Kühnen nicht haben verzweifeln lassen, obgleich dieser in Sachen Holocaust und Adolf Hitler verbohrt und völlig unbelehrbar blieb.

ZWECK UND MITTEL

Aus dem Briefwechsel geht hervor, dass es neben »Um Klarheit« noch ein zweites Gedicht gab, für das sich Fried von Kühnen hatte inspirierten lassen. Dieses sei »eher kritisch«,[1] vermerkt Fried in dem bereits zitierten undatierten Schreiben, und von dem angeregt, was Kühnen »über Ausländerfeindlichkeit« schreibe. Anfang der achtziger Jahre hatte es in der Bundesrepublik rassistisch motivierte Brandanschläge auf Unterkünfte von sogenannten Gastarbeitern und Attacken gegen vietnamesische Flüchtlinge gegeben. Die von rechtsradikalen Gruppierungen ausgegebene Parole »Ausländer raus« verunzierte damals viele Mauern und Häuserwände der Republik und in der Presse häuften sich Berichte über entsprechende Übergriffe. Vorurteile und rassistische Stereotypen gegenüber Nachbarn nichtdeutscher Herkunft waren in den siebziger Jahren weit verbreitet. Italiener, die vielen Einheimischen vor allem als Betreiber von Eisdielen und Pizzerien bekannt waren, wurden »Spaghetti-Fresser« geschimpft und die aus Anatolien zugewanderten Arbeiter nicht selten als »Kümmeltürken« geschmäht.

Die Fremdheit der Zuwanderer wurde gerne mit den oft

als störend, zumindest aber als exotisch empfundenen Gerüchen in Verbindung gebracht, die ihre Küchen beim Zubereiten ihrer angestammten Speisen verströmten. Der aus Tunesien, Marokko oder sonst woher stammende Ehemann der neuen Mieterin, hieß es dann, mache zwar einen gepflegten Eindruck und sei wohl hochgebildet: Aber im Flur stinke es jetzt immer nach Knoblauch und anderen gewöhnungsbedürftigen Gewürzen. Eine weithin gebräuchliche Standardphrase dieser Zeit lautete: »Ich habe ja nichts gegen Ausländer, aber …« Im Februar 2018 schien die Atmosphäre dieser Zeit für einen Moment lang zurückzukehren. Der damalige Landes- und Fraktionschef der AfD in Sachsen-Anhalt, André Poggenburg, erntete tosenden Beifall, als er beim politischen Aschermittwoch im sächsischen Nentmannsdorf die in Deutschland lebenden Menschen türkischer Herkunft als »Kameltreiber« und »Kümmelhändler« beschimpfte.

AUSLÄNDERHASS ALS SPRENGSATZ

Für Fried war die in den siebziger und achtziger Jahren zunehmend aggressiver werdende Ausländerfeindlichkeit eine gegen völlig unschuldige Menschen gerichtete »Gemeinheit«. Von dem Dichter auf das Thema angesprochen, macht Kühnen aufschlussreiche Ausführungen, die hier zunächst wiedergegeben werden sollen, weil sie den Anlass für die Formulierung des erwähnten kritischen Gedichts gaben. In seinem Brief vom 30. Januar 1985 bekundet Kühnen einerseits, persönlich gar nichts gegen Ausländer zu haben. Er sei nicht gegen Chinarestaurants, ausländische Studenten und Touristen, noch nicht einmal gegen Asylbewerber. Unerträglich dogmatisch findet er es, wenn von der Verschiedenartigkeit der Völker auf deren Verschiedenwertigkeit geschlossen wird – nach dem Motto: »Der Germane ist tapfer, der Slawe feige, der Romane ein Lügner und der Jude das Böse schlechthin.«[2] Allerdings ist er gegen die Ansiedlung einer geschlossenen fremden Volksgruppe und rechtfertigt – trotz eingeräumter Skrupel – den von seiner Gruppierung eingeschlagenen Weg rassistischer Stimmungsmache als politisch sinnvolle Strategie. »Natürlich gibt es Ausländerhass«, schreibt Kühnen: »Der entsteht zwangsläufig und ist in jedem Fußballfanclub ausgeprägter als bei uns. Freilich ist er auch eine ungeheure – wenn auch im Kern destruktive – Energie; und als politische Strömung versuchen wir, diese Energie für uns zu nutzen. Dadurch entlädt sie sich wenigstens nicht in sinnlosen Amokläufen, sondern wird zum Sprengsatz gegen das System, das fallen muss, wenn etwas besser werden soll – und zwar nicht nur in diesem Bereich, sondern in allen.«[3]

Die »Ausländerfrage« sieht er als Teil eines viel größeren politischen Zusammenhangs, für den die Ausländer selbst überhaupt nichts könnten. Sein Fried gegenüber eingestandenes Unbehagen, diese Menschen für ein übergeordnetes Ziel – die Stärkung seiner Neonazi-Truppe – zu opfern, will er in seinem strategischem Kalkül nicht zur Geltung kommen lassen. Vor dem Hintergrund seiner großen Vision – der Wiederzulassung der NSDAP als legale politische Partei und schließlich ihrer erneuten Machtübernahme – müssen seine eigenen moralischen Bedenken hinten anstehen. »Ob es nun eine ›Gemeinheit‹ ist«, schreibt er Fried, »eines der wenigen Gefühle, dessen diese narkotisierte Masse überhaupt noch fähig ist (und das im Augenblick so ziemlich einzige, das uns neue Leute bringt), zu nutzen, um unserem Ziel näher zu kommen, das ist eine schwere Frage. Ich fühle mich nicht wohl dabei, wenn ich bei den Wahlkämpfen und bei der Werbung auf die Ausländerfrage setze. Aber eine Fortdauer der jetzigen Verhältnisse würde noch viel gemeiner – und der vorhandene Ausländerhass bei den einfachen Menschen würde sich spontan gegen einzelne Ausländer richten, statt organisiert gegen das herrschende System.«[4]

Offenbar sieht er in rassistischer Hetze einen wirksamen und legitimen Hebel, um die politischen Verhältnisse in seinem Sinne zu ändern. Die Ausländerfrage, so meint er, könne auf diese Weise »zum Sprengsatz gegen das System« werden, das fallen müsse, wenn etwas besser werden soll. Augenscheinlich glaubte Kühnen, die Gewalt in eine – seiner Auffassung nach – produktive Richtung kanalisieren zu können. Hetze ja, aber ohne Anwendung von Gewalt, dies ist jedenfalls die in sich wenig schlüssige Position, die er Fried darzulegen versucht: »Wo Gewalttaten vorkommen, sind es fast immer spontane – wo ich etwas zu sagen habe, gibt es keine Aufstachelung zu Gewalttaten oder gar ihre organisierte Durchführung.«

DAS VERSCHOLLENE GEDICHT

Es ist nicht überraschend, dass Fried diesen Darlegungen wenig abgewinnen konnte. Seinen Widerspruch formuliert er in einem erstaunlich freundlichen Ton, der in der Sache allerdings klar und unmissverständlich ist. »Ich glaube, man darf das nicht«, antwortet er Kühnen: »Die Begründung, dadurch werden wenigstens unorganisierte Ausschreitungen gegen Ausländer hintangehalten, überzeugt mich nicht, Dich selbst im Grunde Deines Herzens sicher auch nicht.«[5] Von dem, was Kühnen über Ausländerfeindlichkeit schreibe, habe er sich zu einem Gedicht »zur Frage Mittel und Zweck«[6] anregen lassen. Er glaube, »dass jede berechnende Taktik, so verführerisch sie sich uns manchmal im Leben als praktisch, ja notwendig anbietet, den Unheilskeim in sich trägt und uns verleitet, von dem, was in einer Auffassung groß und schön und edel ist, abzukommen«.[7] Leider fehlt jeglicher Hinweis, um welches Gedicht es sich dabei gehandelt haben könnte. Fried hat es nicht zusammen mit dem Brief abgelegt. Nachforschungen im Bestand der von Fried publizierten Texte sind bislang ergebnislos geblieben. Das Zweck/Mittel-Gedicht, teilt Volker Kaukoreit im Februar 2019 in einer E-Mail mit, könne er leider nicht identifizieren. Es gebe zwar einen Vers-Text von Fried, der den Spruch »Der Zweck heiligt die Mittel« reflektiere, dieser stamme aber aus den sechziger Jahren und könne somit also nicht gemeint sein.

Der Literaturwissenschaftler Tilman von Brand gibt in einer 2003 unter dem Titel »Öffentliche Kontroversen um Erich Fried« veröffentlichten Studie einen Hinweis. Demnach komme in dem betreffenden Zeitraum das in dem Band »Um Klarheit« veröffentlichte Gedicht »Unmittelbar« in Frage. Auch hier wird »die Frage nach Mittel und Zweck behandelt«. Die hier versammelten Texte entstanden nach Frieds Angaben allesamt zwischen 1982 und 1985. Auch der Inhalt spricht dafür, dass es sich um das gesuchte Gedicht handeln könnte.

Die ersten Strophen lauten: »... denn Menschen/darf keiner hinführen je/zu einem Zweck/den sie nicht ganz begreifen/Es klafft sonst Abgrund zwischen den Lenkern und denen/die so als ihr Werkzeug/ihr Leben vertun müssen/sei es auch für ein Gutes«. Es ist sehr gut möglich, aber nicht ganz sicher, jedenfalls nicht zweifelsfrei belegt, dass Kühnen diese Verse vor Augen hat, als er Fried am 28. Februar 1985 schreibt: »Deine beiden Gedichte haben mich wirklich gerührt – beide!«[8] Er fügt dem – das von Fried kritisch gemeinte Gedicht betreffend und an dieser Stelle wohl auch nicht ganz zu Unrecht – die Anmerkung hinzu, dass es sich bei dem Problem des Verhältnisses von Zweck und Mittel um das Grundproblem der Politik überhaupt handle.

EIN UNWILLKOMMENER RAT

Wahrscheinlich ist der Dichter auf der richtigen Spur, als er nach seiner Lektüre von Kühnens Schrift »Einführung in die NS-Lebensanschauung« diesem am 7. Mai 1985 schreibt: »Michael, Deine Arbeit, das sind die Auffassungen eines Menschen, der zu wenig Liebe und Wärme gehabt hat, unendlich weniger als er verdient hätte, und sich nun bei dem verzweifelt mutigen Versuch der Konstruktion einer großen Hoffnung (für sich und alle) an Autoritäten und halbe Wahrheiten, Irrtümer und große Vorbilder anklammert.«[9] Um seinen unzulässigen Kurzschluss als solchen zu erkennen, hätte Kühnen sich wohl zuerst über die unbewussten Gründe seiner politischen Motivation bewusst werden müssen. Genau das empfiehlt ihm Fried, der sich selbst in einer psychoanalytischen Behandlung schon früh darüber klar zu werden versucht hatte, wie sein eigenes ambivalentes Verhältnis zum Vater die späteren Motive seines Handelns prägen sollte.[10]

Als Vorschulkind war Fried wegen seiner körperlichen Behinderung immer wieder vom Vater gedemütigt worden und hatte ihn dafür zu hassen gelernt. Als dieser vor seinen Augen an den Folgen einer körperlichen Misshandlung durch die Nazis verstarb, ging, so deutet es Fried, ein unbewusster Wunsch in Erfüllung. »Als Kind wollte ich mich an die Stelle meines Vaters setzen«, notiert er 1950 mit der Schreibmaschine auf ein Blatt mit dem Titel »Was ich nun über mich weiß«, und fährt fort: »Ich wurde aber an die Stelle meines Vaters gesetzt, und zwar von den Mächten der Vernichtung.« Ein paar Zeilen darunter schreibt er sogar von »Dankbarkeit an die Nazis für Ermordung meines Vaters«.[11]

Zeit seines Lebens blieb Fried davon überzeugt, dass die Methode der psychoanalytischen Selbsterforschung dazu geeignet war, sich Klarheit über die unbewussten Motive des eigenen Handelns zu verschaffen. Sie war für ihn ein geeignetes Mittel im Kampf gegen die Entfremdung. Diese Einsicht versuchte er auch seinem Briefpartner Kühnen zu vermitteln. Weltanschauung und große Prognosen sind, so schreibt er dem Neonazi am 26. Juli 1985, »sehr unsicher fundiert [...] und wirklichkeitsfremd [...] solange wir uns nicht selbst erforschen«.[12] Es gehe darum, sich über die unbewussten Motive des eigenen Tuns Klarheit zu verschaffen, die eine verhängnisvolle Macht ausübten. Bei dieser Selbstaufklärung helfen, schreibt er Kühnen am 7. Mai 1985, könnten die Autobiographie von Carl Gustav Jung, Mario Erdheims

Schrift »Die gesellschaftliche Produktion von Unbewusstheit« und Horst Eberhard Richters Buch »Zur Psychologie des Friedens«. Fried tritt in diesem Brief sehr nahe an Kühnen heran. Er hält ihm nicht nur vor, zu falschen Schlüssen gelangt zu sein, sondern bietet ihm in ein und demselben Brief nur wenige Zeilen später auch eine Erklärung dafür an. Kühnen habe eine lieblose Kindheit gehabt. Indem er keinen Hehl daraus macht, dass er mehr über die wirklichen Motive von Kühnens Denken zu wissen glaubt als dieser selbst, bringt er sich in eine Position, die sich über den Briefpartner erhebt. Er kommuniziert an dieser Stelle nicht mehr auf Augenhöhe. Es ist kaum vorstellbar, dass Kühnen diesen Vorstoß nicht als übergriffig wahrgenommen hat. Entsprechend deutlich wehrt er ihn ab.

Seiner zwei Wochen später verfassten Erwiderung ist die Verärgerung über die ungebetene Erforschung seines Unterbewusstseins jedenfalls anzumerken. Er habe sich schon immer gegen das »Psychologisieren einer politischen, religiösen oder weltanschaulichen Überzeugung gewehrt, weil es die Vorstufe ihrer Psychiatrisierung«[13] sei. Und ob an dem von Fried diagnostizierten Mangel an Liebe und Wärme etwas dran sein mag oder nicht, das sei für ihn nicht wichtig. Allein die Wirkung seines Tuns sei wichtig. Die Psychoanalyse wühle so lange in den Motiven eines Menschen herum, bis sie ihn auf das »handliche Format von ›Fressen und Ficken‹ zurechtgestutzt«[14] habe. »Demgegenüber«, fährt Kühnen fort, »ist das Menschenbild des Nationalsozialismus, das den Menschen durchaus als Naturwesen und den Naturgesetzen unterworfen sieht, doch im Kern idealistisch. Er verlangt nur, daß diese Ideale nicht ›freischwebend‹ sind, sondern der Kulturentwicklung der Gemeinschaft dienen und diese wiederum dem Überleben und der Höherentwicklung unserer Menschenart.« Kühnen fühlt sich von Fried im Kern seiner Überzeugungen angegriffen, weist dessen Rat zur seelischen Selbsterforschung vehement zurück, findet aber bald wieder zu jenem herzlich zugewandten Ton zurück, der für den gesamten Briefwechsel charakteristisch ist. Der inhaltliche Konflikt, der an dieser Stelle deutlich aufbricht, führt nicht zu einer Distanzierung auf der Beziehungsebene.

AUS DER GESCHICHTE LERNEN

Im Nachwort zu dem 1983 erschienenen Buch »Angst und Trost. Erzählungen und Gedichte über Juden und Nazis« resümiert Fried seine Erfahrungen mit braunen Mitschülern. Diese seien »weder besonders dumm, noch besonders bösartig gewesen«[1] und hätten sich nach dem Einmarsch der deutschen Truppen am 11. März 1938 zu den ihnen seit Jahren bekannten jüdischen und antifaschistischen Schülern »korrekt, vielfach auch solidarisch« verhalten. Gefährlich seien viele erst geworden, als man sie gegen Menschen einsetzte, die sie nicht persönlich kannten. Besonders junge Menschen, fährt Fried fort, »können sich leicht irren und ehrlich an etwas falsches und gefährliches glauben«. Doch sei die vernichtende Wirkung einer falschen Lehre nicht geringer, weil ehrlich an sie geglaubt werde; auch bedeute die Tatsache, dass es sich bei den jungen Nazis um Menschen handelte, nicht, »dass das System weniger unmenschlich war«.

Dann vollzieht Fried einen Brückenschlag zu den Neonazis der achtziger Jahre. Nicht alle, die sich in diese Bewegung verstrickten, sehnten sich nur danach, andere Menschen brutal zusammenzuschlagen. Oft seien sie Opfer ihrer Lebensumstände, wobei sie sich trügerischen Hoffnungen und Idealen hingaben – »besonders wenn sie jung sind und eine unglückliche Kindheit hatten«. Viele hätten verworrene Vorstellungen von »unbedingter Kameradschaft« oder glaubten, wie der linke Flügel der SA, der Nationalsozialismus könne ein »Sozialismus der Tat« sein, in dem »Gemeinnutz vor Eigennutz« gehe. Einen »gangbaren Weg zu einer besseren Welt« hätten die auf eine falsche Weise durchaus idealistisch denkenden jungen Neofaschisten deshalb nicht im Angebot. Er ist aber davon überzeugt, dass sich deren »Irrlehren in Wirklichkeit nicht schlechter, sondern sogar besser bekämpfen« ließen, wenn Antifaschisten nicht jeden einzelnen Menschen, der sich in diese Irrlehren verstrickt habe, blindlings hassten oder verachteten.

Am Ende seiner Ausführungen schließt er die Klammer zwischen seiner Betrachtung des Nationalsozialismus und der des Neonazismus. »Menschlichkeit«, so der Dichter, »und Kampf gegen Unrecht und Krieg gehören, das glaube ich, heute wie damals zusammen.« Sicher hat er diese Zeilen unter dem Eindruck seiner Gespräche mit Michael Kühnen verfasst.[2] Dessen Name wird in dem Text zwar nicht erwähnt, aber alles, was Fried über die unter Neonazis verbreiteten Auffassungen verallgemeinernd schreibt, kommt der Überzeugung Kühnens oder dem Bild, das sich Fried von dem Neonazi gemacht hat, ziemlich nahe: die Identifizierung mit den vermeintlich linken Ideen der SA, die Ablehnung der Stationierung neuer Atomraketen aus den USA, der irregeleitete Idealismus, die Aufrichtigkeit im Vertreten einer gefährlichen Ideologie und nicht zuletzt die unglückliche Kindheit.[3]

FRIEDS GLAUBE AN DEN MENSCHEN

Erich Fried war Atheist, ein Ungläubiger. Aber einer, der in den Menschen – auch und vor allem in denen, die in seinen Augen Übles taten – mehr zu sehen bestrebt war als das, was ihre schlechten Taten suggerierten. Die gute, die andere Seite war zumindest als Möglichkeit in jedem menschlichen Wesen angelegt. Im Zusammenhang mit der von ihm als unbedingt notwendig erachteten Auseinandersetzung der schuldig gewordenen Deutschen mit den im Nationalsozialismus begangenen Verbrechen entwickelte der dem Tod im Vernichtungslager selbst nur knapp entronnene Exilant einen Gedanken, der offenbar an Erkenntnisse der Psychoanalyse und die Liebesbotschaft des Neuen Testaments anschloss: Das aufrichtige Bekenntnis zur eigenen Schuld sei oft erst dann möglich, »wenn Menschen *von der anderen Seite* bereit sind zu verstehen und zu lieben«.[4] Daran glaubte er.

Als Person, vor allem aber auch als Schriftsteller, ging es ihm darum, die gesellschaftlichen sowie psychischen Gründe für das Übel-tun-Müssen zu erforschen und auf diese Weise andere Handlungsoptionen offenzulegen und sichtbar zu machen, um der Möglichkeit eines besseren Lebens auf die Spur zu kommen. Mittels psychologischer und literarischer Selbsterforschung wollte er den unter Denkroutinen, Stereotypen, Wahrnehmungsmustern und Verdrängungsmechanismen verschütteten Wünschen nahekommen.[5]

Niemand ist, davon war Fried überzeugt, dazu verurteilt, gänzlich das zu bleiben, wozu ihn seine zuvor begangenen Handlungen oder gesellschaftliche Konventionen bestimmt zu haben scheinen. Seine Haltung kommt in folgendem Satz zum Ausdruck: »Zwischen der Vernichtung der feindlichen Idee und der Vernichtung der feindlichen Menschen wollte ich immer einen großen Unterschied machen.«[6] In diesem Sinne machte er es sich zur Aufgabe, »Menschen und Dinge von der ›anderen Seite‹ zu sehen, vorgefertigte Meinungen, überliefertes Gut oder gar wissenschaftliche Interpretationen ›anders‹ als gewohnt zu betrachten«.[7] Wenn man diese Haltung – und nicht etwa den Glauben an einen Gott oder das dogmatische Festhalten an einem Regelwerk – als religiös begreifen möchte, dann lässt sich von Fried sagen, dass er »im tiefen Sinn religiös«[8] war. Es sei ihm darum gegangen, den Menschen zum Erbarmen mit sich selber zu verhelfen, sie zu bekehren, schrieb die Theologin Dorothee Sölle, die in ihrem Nachruf auf den Dichter bekannte, kaum einem Menschen begegnet zu sein, der so klar zwischen der Sünde und dem Sünder unterschieden habe wie Fried. In seiner Begegnung mit Michael Kühnen, meint sie, versuchte er nur das zu tun, was für ihn die ureigenste Aufgabe des Schriftstellers war: »die Erlösung aus dem Klischee, die Wiedervermenschlichung derer, die wir hassen müssen«. Vielleicht sei dieser »unverbesserliche Zug« das Jüdischste an ihm gewesen. Der Glaube, dass es keinen Tag und keine Stunde gäbe, in der die Umkehr unmöglich sei.[9]

In der Erinnerung des befreundeten Literaturwissenschaftlers Hans Mayer war Fried ein Gerechter – ein Zaddik, wie ihn die jüdische Überlieferung beschreibt: »Der Gerechte in der Tradition der Chassidim muss nicht schön sein oder tugendhaft, nicht fromm im Sinne der Orthodoxie oder weise im Sinne des Talmud.«[10] Sichtbar wird der Gerechte, wenn es darauf ankommt: in der Stunde der Wahrheit. Das soll nun wiederum nicht bedeuten, dass man sich den Dichter als eine Art Heiligen vorstellen müsse. »Er hat mitunter auch fürchterlich hart angegriffen und konnte ziemlich unversöhnlich sein«, sagt Volker Kaukoreit: »Bei der Büchnerpreis-Rede 1987 hat er den Bürgermeister der Stadt Darmstadt sehr stark attackiert. Der Bürgermeister schoss zurück, und da war Fried auf einmal überhaupt nicht gesprächsbereit und verließ sofort den Saal.«[11]

Fried konnte vorschnell urteilen, ungehalten, unfromm und unfreundlich, überhaupt mitunter ein schwieriger Gesprächspartner sein, der Anstoß erregte und das auch wusste. Wer mit ihm zusammenarbeitete, bekam das gelegentlich zu spüren. Zuallererst sein Verleger Klaus Wagenbach, der zu Frieds Verdruss vieles von dem aussortierte, was er ihm aus seiner laufenden Gedichtproduktion schickte. Als Wagenbach ihm während der Zusammenstellung des Bandes »Unter Nebenfeinden« eine Liste mit sehr deutlichen Kommentaren schickte, veranlasste das Fried am 18. Juni 1970 zu der Entgegnung: »Es wäre vielleicht nicht so praktisch, nach der Revolution dort Schriftsteller zu sein, wo du tonangebend bist.«[12]

EPILOG: KEIN SCHREBERGARTENVEREIN

Ein Überlebender des Holocaust und ein glühender Neonazi treffen aufeinander, finden Gefallen aneinander, streiten und werden doch Freunde. Das klingt, als ob jemand die Phrase, nach welcher sich Gegensätze anzögen, auf die Spitze treiben wollte. Irgendwie rührend, aber dann doch ein bisschen zu viel des Guten und beinahe kitschverdächtig. Wie der Plot eines sentimentalen Films, der mit Kalkül auf die Tränendrüsen seiner Zuschauer drückt, oder die Skizze zu einem Roman, der keinen Verlag findet, weil das Ganze einfach zu unglaubwürdig klingt.

Das Happy End blieb in diesem Falle jedoch aus. In der Erinnerung seiner Frau Catherine war Fried der Auffassung, »dass er das Unmögliche geschafft hatte: einen Neonazi zu überzeugen, sich der Realität des Holocaust zu stellen«.[1] Dabei muss es sich jedoch um ein Missverständnis handeln. Denn genau dies tat Kühnen nie. Bis zuletzt blieb er, das zeigt die Korrespondenz ganz deutlich, davon überzeugt, dass die Massenvernichtung der Juden eine Propagandalüge der Siegermächte des Zweiten Weltkriegs und der ihm verhassten Zionisten sei. Ob Fried in Neonazi-Kreisen tatsächlich »zur Auflockerung gegenüber den Juden insgesamt beigetragen«[2] hat, wie Kühnen dem Freund mitteilt, ist von außen ebenso schwer zu beurteilen wie seine Behauptung, der Dichter habe die in der Szene verbreiteten »Hassgefühle gegen Juden ganz erheblich korrigiert«.[3] Auf die Frage an Christian Worch, ob er diese These bestätigen könne, antwortet der Kühnen-Vertraute: »Das ist durchaus möglich. Ich kann es nicht beurteilen, weil dieses Thema für mich persönlich nicht so wahnsinnig relevant war. Ich habe mich über diese Verbindung mit Fried und die Korrespondenz mit ihm nur wenig unterhalten. Zum Thema wurde es eigentlich erst, als es in unseren Kreisen zur Spaltung kam und ihm diese Verbindung von Hardlinern als eine Art von mentaler Korruption vorgeworfen wurde.«[4]

Belegt ist, dass sich Ewald Althans[5] und Thomas Brehl[6], zwei Führungskader aus Kühnens engerem Umfeld, von Fried nachhaltig beeindruckt zeigten. Kühnen selbst versicherte dem Freund: »Du sollst nur wissen, dass Du mit Deinem schweren Gang auf mich zu – bei allen fortbestehenden grundsätzlichen Meinungsverschiedenheiten – etwas Bleibendes erreicht hast: Solange ich in dieser Bewegung noch etwas zu sagen habe, wird es keinen undifferenzierten (Rassen-)Antisemitismus geben und nichts gegen DIE Juden allgemein gemacht oder propagiert werden!«[7] In dem Moment, in dem Kühnen dies aufschrieb, mag er es seinem Freund gegenüber aufrichtig gemeint haben. Aber was ist davon zu halten? Schon im »Dritten Reich« war es vorgekommen, dass überzeugte Antisemiten ihre schützende Hand über »anständige Ausnahmejuden« hielten, die sie persönlich kannten und aus irgendwelchen Gründen zu schätzen gelernt hatten.

Christian Worch erzählt, er habe im Alter von 16 Jahren mit einem jüdischen Mitschüler den Nachhauseweg geteilt. »Dabei ist es zu dem einen oder anderen durchaus sehr interessanten Gespräch gekommen. Das ist jetzt 46 Jahre her. Wir haben über die Schulzeit hinaus keinen Kontakt gehalten. Aber ich erinnere mich daran, weil ich ihm damals versprechen musste, dass für den Fall, dass wir an die Macht kämen und ich dabei irgendetwas zu sagen hätte, ich dafür sorgen würde, dass ihm und seiner Familie nichts passiert. Ich habe ihm damals gesagt, dass ich nicht vorhätte, irgendjemandem nur deswegen etwas anzutun, weil er Jude wäre. Aber er wollte mein Versprechen und so gab ich es ihm. Es ist zwar unwahrscheinlich, dass ich es einlösen muss, aber ich stehe zu meinem Wort – unabhängig davon, dass er mich ins Krankenhaus geschickt hat – beim Sport. Er wollte den Ball treffen, traf aber mein Knie.«[8]

Dass man in der Szene dem Antisemitismus abgeschworen hatte, davon kann überhaupt keine Rede sein. Auch nach seiner Begegnung mit Fried initiierte Kühnen Filmvorführungen des antisemitischen Hetzstreifens »Der ewige Jude« und skandierte mit seinen Leuten: »Deutschland erwache! Juda verrecke! Sieg Heil!«[9] Womöglich ging es ihm dabei ähnlich wie beim Thema »Ausländerfeindlichkeit«. Persönlich glaubte er sich frei von einem undifferenzierten Antisemitismus, wollte ihn jedoch nutzen, um seine gewaltbereiten Anhänger zusammenzuhalten.

Auch Kühnen war – bei aller Bereitschaft zum Gespräch mit dem Gegner – durchaus willens, hart zuzuschlagen, wenn es ihm nützlich erschien. Nach Frieds Tod gab er dem Dokumentarfilmer Michael Schmidt ganz offen zu: »Waffenlager haben wir ja offiziell keine. Aber du kannst mal davon ausgehen, dass jeder verantwortungsvolle Kamerad ein Versteck hat, in dem eben auch Waffen sind.«[10] Er könne sich ja denken, dass sie kein Schrebergartenverein seien. Allerdings laufe zur Zeit alles in ihrem Sinne. Daher habe er Kameraden angewiesen, »keine Schusswaffen oder ähnliches mit sich rumzuschleppen«.[11]

Fried war es, der die Warnung ausgesprochen hatte, bei aller Feindesliebe nicht zu vergessen, dass »viele von ihnen – immer noch Feinde sind ... und ihrerseits oft gar nicht beseelt von Feindesliebe«.[12] Bis zu seinem frühen Tod am 25. April 1991 nutzte Kühnen die wenige Zeit, die ihm noch blieb, um den Aufbau neonazistischer Strukturen in den neuen Bundesländern nach Kräften zu unterstützen. Die sich vor den Augen einer entsetzten Öffentlichkeit vollziehende Radikalisierung der Szene half er zu befeuern. Im September desselben Jahres wurde ein Flüchtlingsheim im sächsischen Hoyerswerda mit Stahlkugeln und Brandsätzen attackiert. Ein Jahr später ging die zentrale Asylbewerber-Aufnahmestelle von Mecklenburg-Vorpommern in Rostock-Lichtenhagen in Flammen auf. Im November 1992 starben zwei türkische Mädchen und ihre Großmutter nach einem rechtsextremistischen Brandanschlag in der Ortschaft Mölln in Schleswig-Holstein.

Erich Fried erlebte diese letzte Phase in Kühnens Wirken, die wieder sehr militant war und zugleich von Hoffnungen auf einen radikalen Richtungswechsel deutscher Politik im Sinne des Neonazismus bestimmt, nicht mehr mit. Er war zum Zeitpunkt der oben zitierten Äußerung Kühnens schon über ein Jahr lang tot. Seinen letzten öffentlichen Auftritt hatte er bei Aufnahmen für eine Fernsehsendung zur fünfzig Jahre zurückliegenden »Reichskristallnacht«. Er musste die Dreharbeiten für die ARD-Sendung »Pluspunkte« jedoch krankheitsbedingt unterbrechen und wurde in ein Krankenhaus in Baden-Baden eingeliefert, wo er nach einer Operation und einem längeren Koma am 22. November 1988 verstarb.

DANKSAGUNG

Anregungen aus vielen – zuweilen auch kontroversen – Gesprächen mit Freundinnen und Freunden haben in den Text Eingang gefunden, ohne dass ich im Nachhinein noch sagen könnte, auf wen dieser oder jener Hinweis im Einzelnen zurückgeht. Bedanken möchte ich mich zunächst bei Christian Worch für seine Auskunftsbereitschaft. Ich danke weiterhin den Mitarbeiterinnen und Mitarbeitern des Mitschnittservice von Radio Bremen, die mir die Aufzeichnung der »III nach 9«-Sendung zugänglich gemacht haben. Mit ihrem sicheren Gespür für textimmanente Stimmigkeit und Proportionen hat Carolin Holtmann sehr dabei geholfen, das Manuskript in eine lesefreundliche Gestalt zu bringen. Die Arbeit am Feinschliff hätte mir ohne die treffsicheren Hinweise meines Lektors Tom Kraushaar wesentlich mehr Mühe bereitet. Ich danke Per Leo für seinen Zuspruch und ich danke meinem Agenten Michael Gaeb, der das Buch zielsicher und in kürzester Zeit an den richtigen Verlag vermittelt hat. Die immer freundliche Hilfsbereitschaft der Mitarbeiterinnen und Mitarbeiter des Literaturarchivs der Österreichischen Nationalbibliothek in Wien hat meine Recherchen sehr erleichtert. Das gilt insbesondere für

Volker Kaukoreit, der sich als stellvertretender Leiter des Archivs und intimer Kenner des Werks von Erich Fried mehr Zeit für die Beantwortung meiner Fragen nahm, als ich mir erhofft hatte.

ANHANG

QUELLEN

Sendemitschnitt »III nach 9«, 21.1.1983, Radio Bremen, angefertigt vom Mitschnittservice, Bremedia Produktion.

Briefwechsel Erich Fried/Michael Kühnen, Literaturarchiv der Österreichischen Nationalbibliothek, Wien, Nachlass Erich Fried, Gruppe 2.1. und 2.2.

LITERATUR

Bienek, Horst: »Literarische Scherben«, in: *FAZ*, 17.9.1960.

Brand, Tilman von: Öffentliche Kontroversen um Erich Fried. Berlin 2003.

Broder, Henryk M.: »Trauerarbeit vom lyrischen Fließband«, in: *Der Spiegel* 16/1987, 13.4.1987.

Bräuninger, Werner: Kühnen. Porträt einer deutschen Karriere. Die Biographie. Bad Schussenried 2016.

»Der Bundeswahlleiter braucht nicht zu reisen. Gericht lehnt Anträge des Neu-Nazis Fried ab«, in: *FAZ*, 15.12.1984.

Exner, Julian: »… an Deutschland in der Nacht. Ein Appell an das Gewissen«, in: *Frankfurter Rundschau*, 8.10.1960.

Förster, Andreas: Zielobjekt Rechts. Wie die Stasi die westdeutsche Neonaziszene unterwanderte. Berlin 2018.

Freundeskreis Michael Kühnen (Hg.): Michael Kühnen. Sein Leben, sein Wirken, sein Kampf. Köln 2005.

Fried, Catherine: Über kurz oder lang. Erinnerungen an Erich Fried. Berlin 2008.

Fried-Boswell, Catherine/Volker Kaukoreit: Erich Fried. Ein Leben in Bildern und Geschichten. Berlin 1996.

Fried, Erich: »Abschied von der BBC«, in: Erich Fried: Anfragen und Nachreden. Politische Texte. Berlin 1994.

Fried, Erich: »Bemerkungen zu einem Kult« (1968), in: Erich Fried: Die Muse hat Kanten. Aufsätze und Reden zur Literatur. Berlin 1995.

Fried, Erich: »Der Flüchtling und die Furcht vor der Heimkehr« (1981), in: Erich Fried: Die Muse hat Kanten. Aufsätze und Reden zur Literatur. Berlin 1995.

Fried, Erich: »Die Freiheit, zu sehen, wo man bleibt« (1980), in: Erich Fried: Anfragen und Nachreden. Politische Texte. Berlin 1994.

Fried, Erich: Gesammelte Werke. Hrsg. v. Volker Kaukoreit u. Klaus Wagenbach. Berlin 2006.

Fried, Erich: »Das Gras über den Toten«, in: Erich Fried: Anfragen und Nachreden. Politische Texte. Berlin 1994.

Fried, Erich: »Kesseltreiben gegen Robert Havemann und Wolf Biermann«, in: Erich Fried: Anfragen und Nachreden. Politische Texte. Berlin 1994.

Fried, Erich: »Langweilige Demokratie?« (1957), in: Erich Fried: Anfragen und Nachreden. Politische Texte. Berlin 1994.

Fried, Erich: Mitunter sogar lachen. Zwischenfälle und Erinnerungen. Prosa. Berlin 1986.

Fried, Erich: »Nachruf auf Rudi Dutschke« (1980), in: Erich Fried: Anfragen und Nachreden. Politische Texte. Berlin 1994.

Fried, Erich: »Persönliche Erinnerungen an Peter Weiss« (1982), in: Erich Fried: Die Muse hat Kanten. Aufsätze und Reden zur Literatur. Berlin 1995.

Fried, Erich: Vorübungen für Wunder. Gedichte vom Zorn und von der Liebe. Berlin 1987.

Fried, Erich: »Wie sah der antifaschistische Kampf aus und wie sollte er heute aussehen« (1978), in: Erich Fried: Anfragen und Nachreden. Politische Texte. Berlin 1994, S. 184.

Hanloser, Gerhard: Die andere Querfront. Skizzen des »antideutschen« Betrugs. Münster 2019.

Hoehl, Egbert: »Legende von der ›Schicksalsmacht‹«, in: *Die andere Zeitung*, Nr. 11, 3.3.1961.

Kesting, Hanjo: »Anläufe und Anfechtungen« (Gespräch mit Erich Fried), in: Rudolf Wolff (Hg.): Erich Fried. Gespräche und Kritiken. Bonn 1986.

Knepler, Georg: Karl Kraus liest Offenbach. Erinnerungen/Kommentare/Dokumentationen. Wien 1984.

Kaukoreit, Volker: Alles Liebe und Schöne, Freiheit und Glück. Berlin 2009.

Kaukoreit, Volker (Hg.): Einblicke – Durchblicke. Fundstücke und Werkstattberichte aus dem Nachlass von Erich Fried. Wien 1995.

Kaukoreit, Volker/Wilhelm Urbanek: Am Alsergrund. Erich Frieds Jugendjahre in Wien (1921–1938). Wien 1995.

Lampe, Gerhard: »Ich will mich erinnern an alles was man vergisst.« Erich Fried – Biographie und Werk. Köln 1989.

Liebelt, Lutz: »Wir müssen gegen die totale Verlustchance arbeiten« (Gespräch mit Erich Fried), in: Rudolf Wolff (Hg.): Erich Fried. Gespräche und Kritiken. Bonn 1986.

Mayer, Hans: »Augenblicke mit Erich Fried«, in: Hans Mayer: Wendezeiten. Über Deutsche und Deutschland. Frankfurt am Main 1993, S. 118.

Schäfer, Katrin: »Die andere Seite«: Erich Frieds Prosawerk. Motive und Motivationen seines Schreibens. Wien 1998.

Schmidt, Michael: Heute gehört uns die Straße ... Der Inside-Report aus der Neonazi-Szene. Düsseldorf u. a. 1993.

Schweikert, Uwe: »Verlorene Kinder. Erich Frieds Roman ›Ein Soldat und ein Mädchen‹«, in: *Frankfurter Rundschau*, 20.7.1982.

Sölle, Dorothee: »Zum Tode Erich Frieds«, in: *Das Argument* 173 (1989).

Stein, Ernst: »Zwischen Wahrheit und Wahnsinn«, in: *Die Zeit*, Nr. 44, 28.10.1960.

Wagner, Thomas: Die Angstmacher. 1968 und die Neuen Rechten. Berlin 2017.

ANMERKUNGEN

DER VERHINDERTE FERNSEHAUFTRITT

1 Sendemitschnitt »III nach 9«, 21.1.1983, Radio Bremen, angefertigt vom Mitschnittservice, Bremedia Produktion.

2 Im Zuge meiner Recherchen zu diesem Buch nahm ich Kontakt zu Lea Rosh auf. Die spätere Leiterin des NDR-Funkhauses hat sich in Dokumentarfilmen wie »Der Tod ist ein Meister aus Deutschland« immer wieder mit der Verfolgung der Juden und anderer Minderheiten im Nationalsozialismus auseinandergesetzt und war die treibende Kraft hinter dem 2005 eingeweihten Denkmal für die ermordeten Juden in Deutschland. Sie könne sich leider an fast nichts erinnern, teilte sie mir umgehend per E-Mail mit, wünsche mir aber für mein Vorhaben gutes Gelingen – auch ohne sie. E-Mail vom 31.12.2018.

3 Gerhard Lampe: »Ich will mich erinnern an alles was man vergisst.« Erich Fried – Biographie und Werk. Köln 1989, S. 11.

4 Volker Kaukoreit: Alles Liebe und Schöne, Freiheit und Glück. Berlin 2009, S. 53.

5 Tilman von Brand: Öffentliche Kontroversen um Erich Fried. Berlin 2003, S. 161.

6 Vgl. Erich Fried: »Das Gras über den Toten«, in: Erich Fried: Anfragen und Nachreden. Politische Texte. Berlin 1994, S. 22, gesendet am 25. März 1963.

7 Erich Fried: »Langweilige Demokratie?«, in: Erich Fried: Anfragen und Nachreden. Politische Texte. Berlin 1994, S. 41, gesendet am 1. Juli 1957.

8 Ein gegen den Liedermacher Wolf Biermann gerichteter Artikel der FDJ-Zeitung *Junge Welt* erinnerte Fried am 17. Januar 1966 »an nichts so sehr wie an die Nazizeitung *Der Stürmer* unseligen Angedenkens«; Erich Fried: »Kesseltreiben gegen Robert Havemann und Wolf Biermann«, in: Erich Fried: Anfragen und Nachreden. Politische Texte. Berlin 1994, S. 41.

9 *Taz*, am 25. November 1988, zit. n. Volker Kaukoreit (Hg.): Einblicke – Durchblicke. Fundstücke und Werkstattberichte aus dem Nachlass von Erich Fried. Wien 1995, S. 53.

10 »Wie die Dinge heute liegen«, richtet sich der Kommentator am 22. Januar 1968 ein letztes Mal an sein Publikum, »wäre ich kaum auf den Gedanken gekommen, zu versuchen, zu Ihnen in der DDR gerade hier, im Londoner Rundfunk, zu sprechen«, in: Erich Fried: »Abschied von der BBC«, in: Erich Fried: Anfragen und Nachreden. Politische Texte. Berlin 1994, S. 63.

11 Sendemitschnitt »III nach 9«, 21.1.1983, Radio Bremen, angefertigt vom Mitschnittservice, Bremedia Produktion.

12 Erschienen in einer vom sogenannten Freundeskreis Michael Kühnen im Jahr 2005 unter dem Titel »Michael Kühnen: sein Leben, sein Wirken, sein Kampf« veröffentlichte »Festschrift« anlässlich des 50. Geburtstags des Neonaziführers, die als PDF-Dokument im Internet kursiert.

13 Die Bezeichnung »Freund« zur Charakterisierung der Beziehung von Fried und Kühnen findet sich auch in der von Werner Bräuninger verfassten Biografie des Neonazis. Allerdings an abgelegener Stelle in einer Bildunterschrift zu einer Abbildung, die den Schriftsteller bei einer Lesung zeigt: »Ein Freund. Der Dichter und Linksintellektuelle Erich Fried. Vgl. Werner Bräuninger: Kühnen. Porträt einer deutschen Karriere. Die Biographie. Bad Schussenried 2016, S. 254, Abb. 41.

14 Vgl. Tilman von Brand: Öffentliche Kontroversen um Erich Fried. Berlin 2003.

15 Catherine Fried: Über kurz oder lang. Erinnerungen an Erich Fried. Berlin 2008, S. 53.

16 Dorothee Sölle: »Zum Tode Erich Frieds«, in: *Das Argument* (173/1989), S. 7.

17 Erich Fried: »Wie sah der antifaschistische Kampf aus und wie sollte er heute aussehen« (1978), in: Erich Fried: Anfragen und Nachreden. Politische Texte. Berlin 1994, S. 184.

18 Henryk M. Broder: »Trauerarbeit vom lyrischen Fließband«, in: *Der Spiegel* 16/1987, 13.4.1987.

JUGEND IN WIEN

1 Vgl. Volker Kaukoreit/Wilhelm Urbanek: Am Alsergrund. Erich Frieds Jugendjahre in Wien (1921–1938). Wien 1995, S. 11.

2 Vgl. ebd., S. 11/13.

3 Vgl. Gerhard Lampe: »Ich will mich erinnern an alles was man vergisst.« Erich Fried – Biographie und Werk. Köln 1989, S. 20.

4 Vgl. Volker Kaukoreit/Wilhelm Urbanek: Am Alsergrund. Erich Frieds Jugendjahre in Wien (1921-1938). Wien 1995, S. 129.

5 Vgl. Catherine Fried: Über kurz oder lang. Erinnerungen an Erich Fried. Berlin 2008, S. 97.

6 Volker Kaukoreit/Wilhelm Urbanek: Am Alsergrund. Erich Frieds Jugendjahre in Wien (1921-1938). Wien 1995, S. 36.

7 Zit. n. Volker Kaukoreit/Wilhelm Urbanek: Am Alsergrund. Erich Frieds Jugendjahre in Wien (1921–1938). Wien 1995, S. 164.

8 Zit. n. ebd., S. 37.

9 Erich Fried, zit. n. ebd., S. 19.

10 Erich Fried: Mitunter sogar lachen. Zwischenfälle und Erinnerungen. Prosa. Berlin 2010 (zuerst 1986), S. 32.

11 Volker Kaukoreit/Wilhelm Urbanek: Am Alsergrund. Erich Frieds Jugendjahre in Wien (1921-1938). Wien 1995, S. 36.

12 Hanjo Kesting: »Anläufe und Anfechtungen« (Gespräch mit Erich Fried), in: Rudolf Wolff (Hg.): Erich Fried. Gespräche und Kritiken. Bonn 1986, S. 24.

13 Georg Knepler: Karl Kraus liest Offenbach. Erinnerungen/Kommentare/Dokumentationen. Wien 1984, S. 127.

14 Gerhard Lampe: »Ich will mich erinnern an alles was man vergisst.« Erich Fried – Biographie und Werk. Köln 1989, S. 41.

15 Georg Knepler: Karl Kraus liest Offenbach. Erinnerungen/Kommentare/Dokumentationen. Wien 1984, S. 127.

16 Ebd.

17 Erich Fried: Mitunter sogar lachen. Zwischenfälle und Erinnerungen. Prosa. Berlin 1986, S. 27 f.

18 Vgl. ebd., S. 44.

19 Hanjo Kesting: »Anläufe und Anfechtungen« (Gespräch mit Erich Fried), in: Rudolf Wolff (Hg.): Erich Fried. Gespräche und Kritiken. Bonn 1986, S. 25.

20 Vgl. ebd., S. 24.

21 Vgl. Katrin Schäfer: »Die andere Seite«: Erich Frieds Prosawerk. Motive und Motivationen seines Schreibens. Wien 1998, S. 54.

22 Ebd., S. 55.

23 Ebd., S. 57.

24 Vgl. Hanjo Kesting: »Anläufe und Anfechtungen« (Gespräch mit Erich Fried), in: Rudolf Wolff (Hg.): Erich Fried. Gespräche und Kritiken. Bonn 1986, S. 22 f.

25 Ebd.

26 Gerhard Lampe: »Ich will mich erinnern an alles was man vergisst.« Erich Fried – Biographie und Werk. Köln 1989, S. 59.

27 Erich Fried: Mitunter sogar lachen. Zwischenfälle und Erinnerungen. Prosa. Berlin 2010, S. 88.

MIT NAZIS REDEN

1 Erich Fried: Mitunter sogar lachen. Zwischenfälle und Erinnerungen. Prosa. Berlin 2010, S. 60.

2 Hanjo Kesting: »Anläufe und Anfechtungen« (Gespräch mit Erich Fried), in: Rudolf Wolff (Hg.): Erich Fried. Gespräche und Kritiken. Bonn 1986, S. 24.

3 Erich Fried: Mitunter sogar lachen. Zwischenfälle und Erinnerungen. Prosa. Berlin 2010, S. 57.

4 Ebd., S. 57.

5 Ebd., S. 59 f.

6 Lutz Liebelt: »Wir müssen gegen die totale Verlustchance arbeiten« (Gespräch mit Erich Fried), in: Rudolf Wolff (Hg.): Erich Fried. Gespräche und Kritiken. Bonn 1986, S. 46.

SIE NANNTEN IHN »HUMMEL«

1 *Die Zeit*, Nr. 39, 21.9.1979. Vom Anklagepunkt, der Rädelsführer einer terroristischen Untergrundorganisation zu sein, wurde er im von 1978 bis 1979 dauernden sogenannten Bückeburger Prozess freigesprochen. Erich Fried fand das Strafmaß daher im Nachhinein als »sehr hart, viel zu hart«, Erich Fried, in: *betrifft erziehung*, Oktober 1983, S. 68.

2 Vgl. Andreas Förster: Zielobjekt Rechts. Wie die Stasi die westdeutsche Neonaziszene unterwanderte. Berlin 2018, S. 165–174.

3 Vgl. ebd., S. 12.

4 Wenn keine andere Quelle angegeben ist, stammen die Informationen über Kühnens Leben in diesem Kapitel aus Werner Bräuningers Buch über den Neonazi: Kühnen. Porträt einer deutschen Karriere. Die Biographie. Bad Schussenried 2016.

5 Vgl. Thomas Wagner: Die Angstmacher. 1968 und die Neuen Rechten. Berlin 2017, S. 37–41.

6 Vgl. Literaturarchiv der Österreichischen Nationalbiblio-

thek, Wien, Nachlass Erich Fried, Gruppe 2.2 (an E. F.), Kühnen, Michael, Kühnen an Fried, 30.1.1985.

7 Damit macht er ihr den gleichen Vorwurf, den er gegenüber dem ihm verhassten jüdischen Denken, dem Marxismus und der Psychoanalyse erhebt. Vgl. das Kapitel »Zweck und Mittel«, Abschnitt »Ein unwillkommener Rat«.

8 Literaturarchiv der Österreichischen Nationalbibliothek, Wien, Nachlass Erich Fried, Gruppe 2.2 (an E. F.), Kühnen, Michael, Kühnen an Fried, 27.12.1984.

9 Zit. n. Tilman von Brand: Öffentliche Kontroversen um Erich Fried. Berlin 2003, S. 179.

EINE UNGEWÖHNLICHE WIDMUNG

1 Vgl. Gerhard Lampe: »Ich will mich erinnern an alles was man vergisst.« Erich Fried – Biographie und Werk. Köln 1989, S. 15.

2 Gespräch mit Volker Kaukoreit, August 2018.

3 Catherine Fried: Über kurz oder lang. Erinnerungen an Erich Fried. Berlin 2008, S. 19.

4 Hin und wieder schien sein ausgeprägtes Bedürfnis, dem Publikum zu gefallen, sein Drang nach Aufmerksamkeit, gebremst werden zu müssen. In den achtziger Jahren, erzählt ein Zeitzeuge, habe er Fried bei einer gut besuchten Veranstaltung der Friedensbewegung erlebt. Obwohl das Programm noch andere wichtige Punkte umfasste, sei der Dichter mit seiner Lesung einfach nicht zum Ende gekommen. Immer noch ein Gedicht habe er aus seinen Unterlagen gekramt, um es dem Publikum zu Gehör zu bringen. Nur sehr schwer sei er vom Verlassen der Bühne zu überzeugen gewesen.

5 Literaturarchiv der Österreichischen Nationalbibliothek, Wien, Nachlass Erich Fried, Gruppe 2.1. (v. E. F.), Kühnen, Fried an Kühnen, 1.6.1987.

6 Literaturarchiv der Österreichischen Nationalbibliothek,

Wien, Nachlass Erich Fried, Gruppe 2.1. (v. E. F.), Kühnen, Fried an Kühnen, undatiert.

DEN FEIND VERSTEHEN: DER FALL IRMGARD GRESE

1 Erich Fried: Ein Soldat und ein Mädchen. Claassen Verlag, Düsseldorf 1982 (1. Aufl. 1960), S. 232.

2 Vgl. Katrin Schäfer: »Die andere Seite«: Erich Frieds Prosawerk. Motive und Motivationen seines Schreibens. Wien 1998, S. 136 f.

3 Ebd., S. 138 f.

4 Ebd., S. 137.

5 Catherine Fried: Über kurz oder lang. Erinnerungen an Erich Fried. Berlin 2008, S. 53.

6 Erich Fried: Ein Soldat und ein Mädchen. Claassen Verlag, Düsseldorf 1982 (1. Aufl. 1960), S. 16 f.

7 Ebd., S. 237 f.

8 Ebd., S. 72.

9 Vgl. ebd., S. 41.

10 Ebd., S. 233.

11 Ebd.

12 Ebd.

13 Erich Fried: Ein Soldat und ein Mädchen. Claassen Verlag, Düsseldorf 1982 (1. Aufl. 1960), S. 233.

14 Ebd.

15 Ebd., S. 232.

16 vgl. Katrin Schäfer: »Die andere Seite«: Erich Frieds Prosawerk. Motive und Motivationen seines Schreibens. Wien 1998, S. 26.

17 Ernst Stein: »Zwischen Wahrheit und Wahnsinn«, in: *Die Zeit*, Nr. 44, 28.10.1960.

18 Julian Exner: »... an Deutschland in der Nacht. Ein Appell an das Gewissen«, in: *Frankfurter Rundschau*, 8.10.1960.

19 Horst Bienek: »Literarische Scherben«, in: *FAZ*, 17.9.1960.

20 Uwe Schweikert: »Verlorene Kinder. Erich Frieds Roman

›Ein Soldat und ein Mädchen‹«, in: *Frankfurter Rundschau*, 20.7.1982.

21 Ebd.

22 Egbert Hoehl: »Legende von der ›Schicksalsmacht‹«, in: *Die andere Zeitung*, Nr. 11, 3.3.1961.

23 Ebd.

24 Ebd.

25 Das notiert Fried in seinem auf den Oktober 1981 datierten Nachwort zur Neuauflage des Buches. Erich Fried: Ein Soldat und ein Mädchen. Claassen Verlag, Düsseldorf 1982 (1. Aufl. 1960), S. 235.

26 Ebd., S. 237 f.

27 Erich Fried: »Die Freiheit, zu sehen, wo man bleibt« (1980), in: Erich Fried: Anfragen und Nachreden. Politische Texte. Berlin 1994, S.26.

ZWISCHEN DEN STÜHLEN: EIN UNDOGMATISCHER LINKER

1 Catherine Fried-Boswell/Volker Kaukoreit: Erich Fried. Ein Leben in Bildern und Geschichten. Berlin 1996, S. 55.

2 Erich Fried: »Der Flüchtling und die Furcht vor der Heimkehr« (1981), in: Erich Fried: Die Muse hat Kanten. Aufsätze und Reden zur Literatur. Berlin 1995, S. 12 f.

3 Volker Kaukoreit: Alles Liebe und Schöne, Freiheit und Glück. Berlin 2009, S. 22.

4 Erich Fried: »Bemerkungen zu einem Kult« (1968), in: Erich Fried: Die Muse hat Kanten. Aufsätze und Reden zur Literatur. Berlin 1995, S. 49.

5 Volker Kaukoreit: Alles Liebe und Schöne, Freiheit und Glück. Berlin 2009, S. 53.

6 Catherine Fried: Über kurz oder lang. Erinnerungen an Erich Fried. Berlin 2008, S. 58.

7 Der 1915 geborene Lehrersohn Hood absolvierte ein Literaturstudium an der Universität Edinburgh, wurde aus Solidarität mit der republikanischen Seite des Spanischen Bür-

gerkriegs zum Jungkommunisten und meldete sich freiwillig zur britischen Armee, als das Königreich in den Krieg mit Deutschland eintrat. Im Juni 1942 geriet er in Ägypten in italienische Kriegsgefangenschaft und wurde nach seiner Befreiung zu einem Partisanenführer in der Toskana. In »Carlino«, seinem Bericht über diese Zeit, schildert Hood, er wie er sich 1944 gezwungen sah, die Tötung eines ihm unbekannten jungen Mannes zu befehlen, bei dem es sich möglicherweise um einen Verräter handelte.

8 Volker Kaukoreit: Alles Liebe und Schöne, Freiheit und Glück. Berlin 2009, S. 58.

9 Catherine Fried: Über kurz oder lang. Erinnerungen an Erich Fried. Berlin 2008, S. 58.

10 Erich Fried: »Wie sah der antifaschistische Kampf aus und wie sollte er heute aussehen« (1978), in: Erich Fried: Anfragen und Nachreden. Politische Texte. Berlin 1994, S. 186.

11 Ebd., S. 185.

12 Ebd., S. 184.

13 Catherine Fried-Boswell / Volker Kaukoreit: Erich Fried. Ein Leben in Bildern und Geschichten. Berlin 1996, S. 105.

14 Gespräch mit Volker Kaukoreit, August 2018.

KAMPF GEGEN DIE ENTFREMDUNG

1 Die sich unter dem Eindruck des Protests gegen den Vietnamkrieg in Princeton abzeichnende Politisierung der Diskussion, die vor dem Prozedere der mittlerweile etablierten Gruppe 47 nicht halt machte, wurde von Fried begrüßt, der sich mit Reformvorschlägen an Hans Werner Richter, den Initiator und Spiritus Rector der Gruppentreffen wandte.

2 Vgl. Catherine Fried-Boswell / Volker Kaukoreit: Erich Fried. Ein Leben in Bildern und Geschichten. Berlin 1996, S. 69.

3 Hans Mayer: »Augenblicke mit Erich Fried«, in: Hans Mayer: Wendezeiten. Über Deutsche und Deutschland. Frankfurt am Main 1993, S. 118.

4 Vgl. Katrin Schäfer: »Die andere Seite«: Erich Frieds Prosawerk. Motive und Motivationen seines Schreibens. Wien 1998, S. 122.

5 Erich Fried: »Die Freiheit, zu sehen, wo man bleibt« (1980), in: Erich Fried: Anfragen und Nachreden. Politische Texte. Berlin 1994, S. 200.

6 Freundeskreis Michael Kühnen (Hg.): Michael Kühnen. Sein Leben, sein Wirken, sein Kampf. Köln 2005, S. 43.

7 Gespräch mit Volker Kaukoreit, August 2018.

8 Katrin Schäfer: »Die andere Seite«: Erich Frieds Prosawerk. Motive und Motivationen seines Schreibens. Wien 1998, S. 117 f.

9 Erich Fried: »Wie sah der antifaschistische Kampf aus und wie sollte er heute aussehen« (1978), in: Erich Fried: Anfragen und Nachreden. Politische Texte,.Berlin 1994, S. 182 f.

10 Ebd., S. 179.

11 Erich Fried: Ein Soldat und ein Mädchen. Claassen Verlag, Düsseldorf 1982 (1. Aufl. 1960), S. 233.

12 Erich Fried: »Wie sah der antifaschistische Kampf aus und wie sollte er heute aussehen« (1978), in: Erich Fried: Anfragen und Nachreden. Politische Texte. Berlin 1994, S. 179.

13 Ebd., S. 187.

14 Erich Fried: »Langweilige Demokratie?« (1957), in: Erich Fried: Anfragen und Nachreden. Politische Texte. Berlin 1994, S. 19.

15 Erich Fried: »Nachruf auf Rudi Dutschke« (1980), in: Erich Fried: Anfragen und Nachreden. Politische Texte. Berlin 1994, S. 189.

16 Ebd.

DER HEISSE HERBST

1 Literaturarchiv der Österreichischen Nationalbibliothek, Wien, Nachlass Erich Fried, Gruppe 2.1. (v. E. F.), Kühnen, Michael, Fried an Kühnen, 7.5.1985.

2 Literaturarchiv der Österreichischen Nationalbibliothek, Wien, Nachlass Erich Fried, Gruppe 2.2 (an E. F.), Kühnen, Michael, Kühnen an Fried, 1.2.1985.

3 Historisch gesehen, bezeichnet der Begriff den gescheiterten Versuch der Reichswehrführung in der Spätphase der Weimarer Republik, rechte Sozialdemokraten und den Allgemeinen Deutschen Gewerkschaftsbund dafür zu gewinnen, ein autoritäres Regime unter Führung des Reichswehrgenerals Kurt von Schleicher zu unterstützen. In dieses Bündnis sollten neben Nationalkonservativen auch der »linke« Flügel der NSDAP einbezogen werden. Vgl. Gerhard Hanloser: Die andere Querfront. Skizzen des »antideutschen« Betrugs. Münster 2019, S. 7–9.

4 Literaturarchiv der Österreichischen Nationalbibliothek, Wien, Nachlass Erich Fried, Gruppe 2.2 (an E. F.), Kühnen, Michael, Kühnen an Fried, 1.2.1985.

DAS RÄTSEL DER FREUNDSCHAFT

1 Tilman von Brand: Öffentliche Kontroversen um Erich Fried. Berlin 2003, S. 165.

2 Literaturarchiv der Österreichischen Nationalbibliothek, Wien, Nachlass Erich Fried, Gruppe 2.1. (v. E. F.), Kühnen, Michael, Fried an Kühnen, 26.7.1985.

3 Literaturarchiv der Österreichischen Nationalbibliothek, Wien, Nachlass Erich Fried, Gruppe 2.1. (v. E. F.), Kühnen, Michael, Fried an Kühnen, 7.5.1985.

4 Literaturarchiv der Österreichischen Nationalbibliothek, Wien, Nachlass Erich Fried, Gruppe 2.1. (v. E. F.), Kühnen, Michael, Fried an Kühnen, 10.1.1985.

5 Literaturarchiv der Österreichischen Nationalbibliothek, Wien, Nachlass Erich Fried, Gruppe 2.2 (an E. F.), Kühnen, Michael, Kühnen an Fried, 23.5.1985.

6 Volker Kaukoreit: Alles Liebe und Schöne, Freiheit und Glück. Berlin 2009, S. 93.

7 Ebd.

8 Abgedruckt ist dieser Brief in »Alles Liebe und Schöne, Freiheit und Glück«.

9 Literaturarchiv der Österreichischen Nationalbibliothek, Wien, Nachlass Erich Fried, Gruppe 2.1. (v. E. F.), Kühnen, Michael, Fried an Kühnen, 10.1.1985.

10 Literaturarchiv der Österreichischen Nationalbibliothek, Wien, Nachlass Erich Fried, Gruppe 2.2 (an E. F.), Kühnen, Michael, Kühnen an Fried, 23.5.1985.

11 Literaturarchiv der Österreichischen Nationalbibliothek, Wien, Nachlass Erich Fried, Gruppe 2.2 (an E. F.), Kühnen, Michael, Kühnen an Fried, 1.2.1985.

12 Zit. n. Tilman von Brand: Öffentliche Kontroversen um Erich Fried. Berlin 2003, S. 168.

13 Literaturarchiv der Österreichischen Nationalbibliothek, Wien, Nachlass Erich Fried, Gruppe 2.1., (v. E. F.), Kühnen, Michael/Fried an Kühnen, 7.5.1985.

14 Ebd.

15 Es ist der einzige Brief aus der Korrespondenz, der veröffentlicht und als Bestandteil des Briefbandes »Alles Liebe und Schöne« einem breiteren Publikum zugänglich gemacht wurde.

16 Gespräch mit Volker Kaukoreit, August 2018.

17 Es gibt Filmaufnahmen, die zeigen, wie Erich Fried den inhaftierten Neonazi Kühnen in der Haftanstalt besucht. Anfang 1985 hatte der Filmemacher Felix Kuballa diese Aufnahmen von einem Gefängnisbesuch Frieds für die im Auftrag des WDR entstandene TV-Dokumentation »Von deutscher Toleranz« gemacht. Der Wortlaut des damals geführten Gesprächs ist auf dem Filmmaterial nicht dokumentiert. Eine Tonspur davon nicht vorhanden.

18 Literaturarchiv der Österreichischen Nationalbibliothek,

Wien, Nachlass Erich Fried, Gruppe 2.1. (v. E.F.), Kühnen, Michael, Fried an Kühnen, 16.6.1986.

19 Literaturarchiv der Österreichischen Nationalbibliothek, Wien, Nachlass Erich Fried, Gruppe 2.1. (v. E.F.), Kühnen, Michael, Fried an Kühnen, 26.7.1985.

20 Tilman von Brand: Öffentliche Kontroversen um Erich Fried. Berlin 2003, S. 192.

21 Literaturarchiv der Österreichischen Nationalbibliothek, Wien, Nachlass Erich Fried, Gruppe 2.2 (an E.F.), Kühnen, Michael, Kühnen an Fried, 20.9.1985.

22 Literaturarchiv der Österreichischen Nationalbibliothek, Wien, Nachlass Erich Fried, Gruppe 2.1. (v. E.F.), Kühnen, Michael, Fried an Kühnen, 16.6.1986.

23 Literaturarchiv der Österreichischen Nationalbibliothek, Wien, Nachlass Erich Fried, Gruppe 2.1. (v. E.F.), Kühnen, Michael, Fried an Kühnen, 1.6.1987.

24 Literaturarchiv der Österreichischen Nationalbibliothek, Wien, Nachlass Erich Fried, Gruppe 2.2 (an E.F.), Kühnen, Michael, Kühnen an Fried, 10.6.1987.

25 Die Karikatur ist als ganzseitige Abbildung dokumentiert in: Werner Bräuninger: Kühnen. Porträt einer deutschen Karriere. Die Biografie. Bad Schussenried 2016, S. 488.

26 Kühnen hatte seine Leute angewiesen, in die bereits 1979 von dem erwerbslosen Kaufmann und Lehrer Martin Pape gegründete Kleinpartei FAP einzutreten. Auf diese Weise wollte er die Schlagkraft seiner Bewegung erhalten und hoffte, ihren Aktionsradius zu erweitern.

27 Literaturarchiv der Österreichischen Nationalbibliothek, Wien, Nachlass Erich Fried, Gruppe 2.2 (an E.F.), Kühnen, Michael, Kühnen an Fried, 27.12.1984.

28 Nach Auskunft von Volker Kaukoreit, der den Inhalt, nicht jedoch den exakten Wortlaut erinnert.

29 Tilman von Brand: Öffentliche Kontroversen um Erich Fried. Berlin 2003, S. 216.

30 Literaturarchiv der Österreichischen Nationalbibliothek, Wien, Nachlass Erich Fried.

31 Literaturarchiv der Österreichischen Nationalbibliothek, Wien, Nachlass Erich Fried, Gruppe 2.1. (v. E. F.), Kühnen, Michael, Fried an Kühnen, 10.1.1985.

32 Literaturarchiv der Österreichischen Nationalbibliothek, Wien, Nachlass Erich Fried, Gruppe 2.2 (an E. F.), Kühnen, Michael, Kühnen an Fried, 1.2.1985.

POLITISCHE SOLDATEN

1 Gespräch mit Christian Worch, Mai 2018.

ANTISEMITISCHES VERSCHWÖRUNGSDENKEN

1 Literaturarchiv der Österreichischen Nationalbibliothek, Wien, Nachlass Erich Fried, Gruppe 2.2 (an E. F.), Kühnen, Michael, Kühnen an Fried, 30.6.1986.

2 Literaturarchiv der Österreichischen Nationalbibliothek, Wien, Nachlass Erich Fried, Gruppe 2.2 (an E. F.), Kühnen, Michael, Kühnen an Fried, 23.5.1985.

3 Ebd.

4 Literaturarchiv der Österreichischen Nationalbibliothek, Wien, Nachlass Erich Fried, Gruppe 2.2 (an E. F.), Kühnen, Michael, Kühnen an Fried, 30.6.1986.

5 Ebd.

6 Literaturarchiv der Österreichischen Nationalbibliothek, Wien, Nachlass Erich Fried, Gruppe 2.1. (v. E. F.), Kühnen, Michael, Fried an Kühnen, 16.6.1986.

7 Literaturarchiv der Österreichischen Nationalbibliothek, Wien, Nachlass Erich Fried, Gruppe 2.2 (an E. F.), Kühnen, Michael, Kühnen an Fried, 30.6.1986.

8 Vgl. Catherine Fried-Boswell/Volker Kaukoreit: Erich Fried. Ein Leben in Bildern und Geschichten. Berlin 1996, S. 55.

9 Literaturarchiv der Österreichischen Nationalbibliothek, Wien, Nachlass Erich Fried, Gruppe 2.1. (v. E. F.), Kühnen, Michael, Fried an Kühnen, 16.6.1986.

10 Literaturarchiv der Österreichischen Nationalbibliothek, Wien, Nachlass Erich Fried, Gruppe 2.1. (v. E.F.), Kühnen, Michael, Fried an Kühnen, 7.5.1985, handschriftlich (auf Reisen in Holland).

11 Literaturarchiv der Österreichischen Nationalbibliothek, Wien, Nachlass Erich Fried, Gruppe 2.2 (an E.F.), Kühnen, Michael, Kühnen an Fried, 23.5.1985.

12 Vgl. Tilman von Brand: Öffentliche Kontroversen um Erich Fried. Berlin 2003, S.186.

13 Literaturarchiv der Österreichischen Nationalbibliothek, Wien, Nachlass Erich Fried, Gruppe 2.1. (v. E.F.), Kühnen, Michael, Fried an Kühnen, 23.7.1986. Mit dem Geschehen im Konzentrationslager Bergen Belsen hatte er sich eine Zeit lang intensiv befasst, als er zu dem Fall der Wärterin Irmgard Grese recherchierte.

14 Gespräch mit Volker Kaukoreit, August 2018.

15 Literaturarchiv der Österreichischen Nationalbibliothek, Wien, Nachlass Erich Fried, Gruppe 2.2 (an E.F.), Kühnen, Michael, Kühnen an Fried, 23.5.1985.

ZWECK UND MITTEL

1 Literaturarchiv der Österreichischen Nationalbibliothek, Wien, Nachlass Erich Fried, Gruppe 2.1. (v. E.F.), Kühnen, Michael, Fried an Kühnen, undatiert.

2 Literaturarchiv der Österreichischen Nationalbibliothek, Wien, Nachlass Erich Fried, Gruppe 2.2 (an E.F.), Kühnen, Michael, Kühnen an Fried, 30.1.1985.

3 Ebd.

4 Ebd.

5 Literaturarchiv der Österreichischen Nationalbibliothek, Wien, Nachlass Erich Fried, Gruppe 2.1. (v. E.F.), Kühnen, Michael, Fried an Kühnen, undatiert.

6 Ebd.

7 Ebd.

8 Literaturarchiv der Österreichischen Nationalbibliothek, Wien, Nachlass Erich Fried, Gruppe 2.2 (an E.F.), Kühnen, Michael, Kühnen an Fried, 28.2.1985.

9 Tilman von Brand: Öffentliche Kontroversen um Erich Fried. Berlin 2003, S. 184.

10 Sein Analytiker zu dieser Zeit war Philipp Metman, ein Vertreter der C.G-Jung-Schule in England. Vgl. Volker Kaukoreit (Hg.): Einblicke – Durchblicke. Fundstücke und Werkstattberichte aus dem Nachlass von Erich Fried. Wien 1995, S. 82.

11 Ebd., S. 84.

12 Literaturarchiv der Österreichischen Nationalbibliothek, Wien, Nachlass Erich Fried, Gruppe 2.1. (v. E.F.), Kühnen, Michael, Fried an Kühnen, 26.7.1985.

13 Literaturarchiv der Österreichischen Nationalbibliothek, Wien, Nachlass Erich Fried, Gruppe 2.2 (an E.F.), Kühnen, Michael, Kühnen an Fried, 23.5.1985.

14 Ebd.

AUS DER GESCHICHTE LERNEN

1 Erich Fried: Gesammelte Werke. Hrsg. v. Volker Kaukoreit u. Klaus Wagenbach. Berlin 2006, S. 652.

2 Frieds Entschluss, seine Erinnerungen an die Nazi-Mitschüler der Wiener Jugendzeit aufzuschreiben, mag dem Bewusstsein geschuldet gewesen sein, dass ihm aufgrund seiner Krebserkrankung nicht mehr viel Zeit blieb, um derartiges zu Papier zu bringen. Das Zusammentreffen mit Kühnen könnte dem Vorhaben eine zusätzliche Dringlichkeit verliehen haben.

3 Womöglich hatten sie über all dies schon gesprochen, als sie im März nach der »III nach 9«-Sendung eine halbe Stunde lang telefonierten. Spätestens bei ihrem Treffen, das fünf Stunden gedauert haben soll, wird Fried die Kerngedanken des Neonazis erfasst und dessen Persönlichkeit für ihn eine klar umrissene Kontur bekommen haben.

4 Erich Fried: Ein Soldat und ein Mädchen. Claassen Verlag, Düsseldorf 1982 (1. Aufl. 1960), S. 233.

5 Katrin Schäfer: »Die andere Seite«: Erich Frieds Prosawerk. Motive und Motivationen seines Schreibens. Wien 1998, S. 113.

6 Hanjo Kesting: »Anläufe und Anfechtungen« (Gespräch mit Erich Fried), in: Rudolf Wolff (Hg.): Erich Fried. Gespräche und Kritiken. Bonn 1986, S. 27.

7 Katrin Schäfer: »Die andere Seite«: Erich Frieds Prosawerk. Motive und Motivationen seines Schreibens. Wien 1998, S. 17.

8 Ebd., S. 18.

9 Vgl. Dorothee Sölle: »Zum Tode Erich Frieds«, in: *Das Argument* 173 (1989), S. 7.

10 Hans Mayer: »Augenblicke mit Erich Fried«, in: Hans Mayer: Wendezeiten. Über Deutsche und Deutschland. Frankfurt am Main 1993, S. 122 f.

11 Gespräch mit Volker Kaukoreit, August 2018.

12 Volker Kaukoreit: Alles Liebe und Schöne, Freiheit und Glück. Berlin 2009, S. 48.

EPILOG: KEIN SCHREBERGARTENVEREIN

1 Catherine Fried: Über kurz oder lang. Erinnerungen an Erich Fried. Berlin 2008, S. 53.

2 Dort sage man: »Der Mann ist zwar Jude aber fair und anständig – und wenn man uns *so* entgegentritt, dann verhalten wir uns auch so!«, zit. n. Tilman von Brand: Öffentliche Kontroversen um Erich Fried. Berlin 2003, S. 184.

3 Interview mit Christa Ritter, erschienen in *Tempo* (Februar 1989, S. 82-90), dokumentiert auf dem Blog waahr.de.

4 Gespräch mit Christian Worch, Mai 2018.

5 »Leuchtend steht die Person eines Erich Fried«, schreibt Kühnens ehemaliger ANS/NA-Mitstreiter auf seinem Blog, althansinfo.wordpress.com, abgerufen am 28.4.2018.

6 Thomas Brehl war der Überzeugung, dass »zwei völlig unterschiedliche Menschen einen für die Herrschenden höchst unangenehmen Dialog begonnen hatten«, in: Freundeskreis Michael Kühnen (Hg.): Michael Kühnen. Sein Leben, sein Wirken, sein Kampf. Köln 2005, S. 45.

7 Schreiben Michael Kühnens an Erich Fried vom 20.9.1985, vgl. Tilman von Brand: Öffentliche Kontroversen um Erich Fried. Berlin 2003, S. 191.

8 Gespräch mit Christian Worch, Mai 2018.

9 Tilman von Brand: Öffentliche Kontroversen um Erich Fried. Berlin 2003, S. 215.

10 Michael Schmidt: Heute gehört uns die Straße … Der Inside-Report aus der Neonazi-Szene. Düsseldorf u. a. 1993, S. 79.

11 Ebd.

12 Erich Fried: »Wie sah der antifaschistische Kampf aus und wie sollte er heute aussehen« (1978), in: Erich Fried: Anfragen und Nachreden. Politische Texte. Berlin 1994, S. 184.